# ÉRIC BOROWIAK

# LA BIBLE DU SALARIÉ

# EN ENTREPRISE

## ÉDITION 2022

ISBN: 9798548467423

*Le travail doit être une source de bonheur puisque l'on ne cesse de vouloir toujours repousser l'âge de la retraite.*

*Éric Borowiak*

# TABLE DES MATIÈRES


Le contrat de travail    09

La période d'essai    20

La démission    24

La prise d'acte    30

La résiliation judiciaire    37

Les sanctions    41

La clause de dédit-formation    62

La clause de non-concurrence    67

La clause de mobilité    71

La clause de garantie d'emploi    75

La clause de reprise d'ancienneté    77

La clause d'objectifs ou de quotas    79

Le droit de retrait    82

La rupture conventionnelle    86

Le contrat de professionnalisation    89

La réduction du temps de travail (RTT)    96

Le forfait jours pour les cadres    101

Les heures supplémentaires    106

Les salaires impayés    112

L'astreinte    116

Le règlement intérieur    120

L'affichage dans l'entreprise    128

La convention collective    132

L'attestation Pôle emploi    138

Le solde de tout compte    141

*Mes remerciements vont vers ces femmes, ces hommes qui, jour après jour, par leur travail, font la richesse de notre pays.*

*Éric Borowiak*

# LE CONTRAT DE TRAVAIL

Un contrat de travail est un accord en vertu duquel une personne s'engage à fournir ses activités à une autre personne à laquelle elle appartient en échange d'une rémunération. Le contrat de travail peut être à durée déterminée ou indéterminée. Le contrat peut être formalisé par un écrit, il est exigé pour certain contrat, mais un contrat de travail conclu à l'oral produit tous ses effets juridiques.

C'est la jurisprudence qui donne la définition du contrat de travail et non la loi. Ce sont les conditions d'exercice d'activités des salariés, et ces conditions déterminent l'existence ou non d'un contrat de travail.

Lorsque trois conditions sont réunies, le contrat de travail subsiste de plein droit :

1    l'existence d'une activité de travail ;

2    la contrepartie d'une rémunération ;

3    une subordination entre le salarié et la personne qui le rémunère.

## La prestation de travail

Le salarié s'engage à mettre à la disposition de l'employeur ses qualités physiques et ses connaissances intellectuelles. Cependant, la prestation de travail n'est pas décisive pour la détermination du contrat de travail, car la prestation du travail subsiste déjà dans le contrat d'entreprise.

## La rémunération

La remise d'un bulletin de paie crée une supposition assez importante, mais peu concluante de l'existence d'un contrat de travail. Par exemple, même si la rémunération consiste entièrement à des avantages en nature tels que le repas et l'hébergement, tant que les deux parties paient des cotisations sociales, cela suffit pour qu'il y ait présomption de contrat de travail.

## Le lien de subordination juridique

C'est l'un des points le plus important du contrat de travail. Il permet de différencier le travail du salarié au travail de l'indépendant. Le lien de hiérarchie est déterminé par l'exécution du travail sous l'autorité d'un employeur qui a le pouvoir d'ordonner des ordres et des consignes, d'en vérifier l'exécution et de réprimer les carences de son salarié.

Le contrat de travail détermine la relation entre le salarié et l'employeur dès qu'il est embauché dans l'entreprise jusqu'à son départ. Le contrat de travail détermine le rapport d'un salarié avec son employeur entre le moment où il est embauché dans l'entreprise et son départ. Dans la plupart des cas, c'est un document unilatéral écrit par l'employeur.

Cependant, pour un contrat de travail à temps plein à durée indéterminée, ce n'est que dans ce cas, que la loi permet à l'employeur de renoncer au contrat écrit. Dans ces conditions, le contrat est nommé, contrat oral ou tacite.

Mais il est vivement conseillé de disposer d'un contrat de travail écrit. Cela permet d'établir une preuve que la personne est bien embauchée par l'entreprise. En cas d'absence du contrat de travail, un employeur s'expose à faire naître une contestation sur les conditions d'emplois que cela soit en termes du temps de travail, de salaires ou autre chose qui puisse amener le salarié à dénoncer ses conditions de travail. Tout comme le salarié qui aura plus de difficultés à prouver qu'il a travaillé pour son employeur en cas de non-paiement de salaires.

Par contre, le contrat de travail à durée déterminée ou le contrat de travail à durée indéterminée à temps partiel doivent nécessairement être conclus par écrit.

D'autre part, le contrat de travail doit impérativement être rédigé en français. Si le salarié est étranger, une traduction du contrat dans sa langue natale peut lui être proposée, à condition que le salarié en fasse la demande.

Le contrat de travail doit renfermer des clauses qui sont obligatoires que ce soit à durée indéterminée ou déterminée à temps partiel ou à temps plein ou pour un contrat intérimaire. Les éléments les plus importants que l'on retrouve la plupart du temps dans la rédaction d'un contrat de travail quelle que soit sa nature sont les suivants :

- la nature du contrat : CDD, CDI... ;

- les coordonnées de l'entreprise : nom et adresse ;

- les coordonnées du salarié : nom et adresse ;

- la date de début d'exécution du contrat ;

- le poste occupé et sa nature ;

- le lieu d'exécution (adresse et numéro de siret du bâtiment concerné par l'emploi) ;

- la rémunération avec son détail (fixe, variable, commissions...) et sa procédure de comptabilisation ;

- le temps des congés payés et la procédure de calcul des congés ;

- le nombre d'heures travaillées par semaine ;

- les informations de l'organisme de sécurité sociale auprès duquel contribue l'employeur ;

- les indications de la caisse de retraite complémentaire ;

- la Convention collective applicable à l'entreprise si elle en possède une.

En fonction de la durée et du volume d'heures 4 types de contrat sont réellement proposés aux salariés de l'entreprise.

Par conséquent, le contrat de travail qui vous est fourni est soit :

- un contrat de travail à durée indéterminée (CDI) ;

- un contrat de travail à durée déterminée (CDD) ;

- un contrat à temps partiel ;

- un contrat à temps complet.

Il existe des clauses spécifiques dans le contrat de travail qui peuvent être utilisées pour établir un contrat à durée indéterminée (CDI) :

- compétence professionnelle et fonction du salarié ;

- lieu du poste où est exercée cette fonction ;

- temps du travail ;

- énumération de la rémunération (salaire, primes, avantages en nature...) ;

- les droits aux congés payés ;

- période d'adaptation, durée et renouvellement s'il y a lieu ;

- rupture du contrat, le préavis ;

- convention de non-concurrence pour certains postes particuliers.

Des dispositions peuvent être propres à la conclusion d'un contrat à durée déterminée (CDD) :

- dans le cas d'un remplacement, la qualification et le nom du salarié remplacé ;

- la date prévue de fin de contrat ou sa durée minimale, et si besoin les modalités d'une clause de renouvellement ;

- La nature du poste occupé par le salarié ;

- la durée de la période d'essai ;

- la convention collective applicable ;

- le montant et le détail de la rémunération ;

- le nom et l'adresse de la caisse de retraite complémentaire.

En dehors des mentions obligatoires, le contrat de travail peut comporter aussi toutes les autres clauses décidées par l'employeur :

- non-concurrence, mobilité géographique, dédit-formation, exclusivité.

L'employeur peut être une personne physique, entrepreneur individuel, particulier employeur, ou une personne morale comme une société ou une association. Cependant, le contrat est ratifié par la personne qui a le pouvoir d'engager la société.

Tout salarié peut conclure un contrat de travail. Toutefois, les jeunes de moins de 18 ans ne peuvent pas signer de contrat sans l'autorisation de leur représentant légal sauf s'ils sont émancipés, c'est-à-dire considérés comme majeurs par une décision de justice.

Un employeur ne peut pas prendre à son service un employé avant l'âge de 16 ans. Cependant, dans certaines circonstances exceptionnelles, un salarié de moins de 16 ans peut être engagé dans des métiers artistiques pendant les vacances scolaires.En ce qui concerne le contrat d'apprentissage, un mineur d'au moins 15 ans devra tout de même avoir accompli la scolarité du premier cycle de l'enseignement secondaire.

À partir de 14 ans, le mineur peut travailler pendant les vacances scolaires. Le travail qui doit lui être confié se doit d'être adapté à son âge.

Si une entreprise désire engager un mineur, entre 14 à 16 ans pendant les vacances scolaires, elle doit recueillir d'abord l'accord de l'inspection du travail et ensuite l'accord des parents au moins 15 jours avant la date de l'embauche prévue.

Les mineurs ne sont pas autorisés à travailler lorsque la période de vacances scolaires est de moins de 14 jours ouvrables ou non. Et ils doivent disposer d'une durée minimale de congés, soit la moitié de la durée totale des vacances.

Le jeune ne pourra que travailler dans une entreprise de spectacle sédentaire ou itinérant, de cinéma, de radiophonie, de télévision ou d'enregistrements sonores. Il peut même faire du mannequinat, voire même travailler dans une entreprise ou une association ayant pour objet la participation à des compétitions de jeux-vidéos.

Désormais, les jeunes de moins de 18 ans peuvent travailler ou accomplir un stage dans des débits de boissons, tant qu'ils ne sont pas affectés aux bars.

L'article L.4153, paragraphe 6 du code du travail stipule :   *« Il est interdit d'embaucher ou d'affecter des mineurs en stages au service au bar dans les débits de boissons à consommer sur place »*.

Par conséquent, les établissements titulaires d'une licence de boissons peuvent engager un salarié mineur, mais l'employé ne pourra pas travailler aux services du bar.

Quel que soit son âge, un salarié mineur doit être titulaire d'un contrat de travail s'il exerce un travail même sans rapport avec ses études pendant les vacances scolaires. Si, il s'agit d'un contrat à durée déterminée, la raison du recours doit être mentionnée, si c'est un travail saisonnier ou à cause d'une augmentation temporaire de l'activité de l'entreprise, etc.

Le contrat doit incorporer toutes les clauses obligatoires qui sont destinées à ce type de contrat : le motif du recrutement, la durée du contrat, la désignation du poste, le montant du salaire. Le jeune bénéficie aussi de l'application des règles relatives au contrat à durée déterminée. En ce qui concerne les contrats à durée déterminée partiel, depuis le 1er janvier 2014, ils ne peuvent être inférieurs à 24 heures par semaine. Cependant, la loi prévoit un certain nombre d'exceptions ou de dérogations dans ce délai minimum.

Cependant, lorsqu'il s'agit d'un contrat d'étudiant, le nombre d'heures peut être inférieur à 24 h par semaine.

De plus, pour des raisons personnelles ou s'il souhaite combiner diverses activités professionnelles pour obtenir un travail à temps plein ou au moins 24 heures, tout salarié pourra solliciter à travailler moins de 24 heures par semaine.

## Le salaire

Le salaire est la récompense d'un travail ou d'un service. Il s'agit du montant convenu à l'avance et payé par l'employeur au salarié conformément au contrat de travail.

Il comprend le salaire de base, mais aussi les primes, la rémunération des heures supplémentaires ou complémentaires effectuées, l'épargne salariale, d'autres indemnités et rémunérations annexes comme les indemnités de résidence et les avantages en nature.

## Le salaire minimum de croissance : le SMIC

Le salaire minimum interprofessionnel de croissance, communément appelé SMIC, anciennement salaire minimum interprofessionnel garanti (SMIG), est, en France, le salaire minimum horaire en dessous duquel aucune personne au service d'un employeur de plus de 18 ans ne peut être payée. Il a été mis en place, par le gouvernement dans les années 1950, pour réglementer la rémunération des salariés majeurs.

Il assure donc aux salariés dont les salaires sont les plus faibles la garantie de leur pouvoir d'achat, et de ce fait, ils participent à l'enrichissement de la population et l'amélioration des conditions de vie.

Le salaire minimum que touchent les employés doit être compris entre le SMIC et le salaire minimum conventionnel pour être le plus avantageux. En aucun cas, les employeurs ne peuvent payer des salaires inférieurs au salaire minimum.

Au moins une fois par an toutes les conventions collectives doivent négocier le salaire minimum.

Ils ont l'obligation d'agir lorsque le salaire minimum conventionnel des salariés sans qualification est en dessous du SMIC par l'effet de l'augmentation de ce dernier.

Le droit du travail stipule que le salaire minimum conventionnel dépend de la classification (coefficient, niveau, échelons, indice, etc.) dans la convention collective applicable à l'entreprise. Plus la classification est élevée, plus le salaire est élevé. Par conséquent, la classification est un facteur important dans la détermination des salaires. La classification doit apparaître sur le bulletin paie du salarié.

Le salaire minimum traditionnel est un salaire minimum en dessous duquel aucun travailleur ne peut être payé.

Dans certains cas, les employeurs peuvent payer des salaires inférieurs au salaire minimum, et ces exceptions sont strictement réglementées par le droit du travail. Il s'adresse aux apprentis et aux jeunes salariés en fonction de l'âge et de la durée du contrat professionnel. De même, les jeunes salariés âgés de moins de 18 ans qui ont moins de 6 mois de pratique professionnelle dans la branche d'activité. Un abattement de 10 % peut ainsi être pratiqué lorsque le jeune salarié est âgé de 17 à 18 ans et de 20 % lorsque le jeune salarié est âgé de moins de 17 ans. Toutefois, ces abattements ne sont pas applicables aux jeunes de moins de 18 ans embauchés dans le cadre des emplois d'avenir.

Il est bien sûr évident que la rémunération dépend du travail effectif et donc du temps de travail du salarié. C'est bien pour cela que les VRP (voyageurs, représentants et placiers) sont exclus de recevoir le SMIC puisque les horaires de travail ne sont pas contrôlables. Mais parfois par le rendement fourni, des primes peuvent venir s'ajouter à la rémunération.

Parfois, les salaires peuvent être payés selon un forfait, dans ce cas, le salarié doit signer un contrat de travail qui reprend les termes du mode de paiement.

Les salaires sont généralement payés mensuellement. Il est préférable de payer au début de chaque mois et à une date fixe. Parfois, un acompte est généré toutes les deux semaines.

Cependant, l'employeur doit verser au salarié saisonnier, temporaire, intermittent ou travaillant à domicile, un paiement 2 fois par mois, soit au moins tous les 15 jours. De même, l'employeur peut réclamer un remboursement en cas de trop-perçu par le salarié. Cependant, la déduction sur le bulletin de paie ne peut excéder 10 % du salaire net. Le bulletin de paie doit indiquer le montant de la retenue et sa nature.

En effet, chaque salaire est accompagné d'une fiche de paie. Il y a des notations obligatoires, d'autres sont interdites et certaines sont mentionnées par l'employeur lui-même.

Le salaire est quérable et non portable, cela veut dire que c'est au salarié de se rendre à l'entreprise pour retirer son bulletin de paie. Cependant, la fiche de paye peut aussi être envoyée par voie postale. Le salarié peut aussi recevoir sa fiche de paye sous forme électronique, s'il en est d'accord.

D'autre part, l'employeur ne peut obliger ou exiger de signature lors de la remise du bulletin de paie qui indiquerait la preuve de la somme qui a été reçue par le salarié. De même, il arrive parfois qu'il n'y ait plus de rémunérations ni de congés payés à décompter sur le bulletin de paie, soit à cause d'un congé parental, une longue maladie ou tout autre chose, dans ce cas-là l'employeur n'a pas d'obligation à vous remettre un bulletin de paie.

L'entreprise ainsi que le salarié disposent d'un délai de trois ans pour contester les sommes qui figurent ou sont absentes sur le bulletin de paye.

Enfin, la rémunération du salarié en contrat à durée déterminée doit être égale au salarié en contrat à durée indéterminée. Le non-respect du principe d'égalité de rémunération est sanctionné pénalement.

# LA PÉRIODE D'ESSAI OU PROBATOIRE

La période d'essai ou de probation donnera la possibilité à l'employeur d'estimer les attitudes professionnelles du salarié, particulièrement au regard de ses connaissances, et pour le salarié de déterminer sur le lieu du travail si le poste lui convient. Ce n'est pas exigé, mais toute période d'essai doit être précisément mentionnée dans le contrat de travail. L'employeur à la possibilité de prolonger la période d'essai, tout comme le salarié peut y mettre fin. Une période d'essai n'est pas toujours requise. La durée dépend du type de contrat de travail, mais aussi en fonction des tâches de l'emploi ou du poste.

La période probatoire va permettre à l'employeur d'éliminer toute incertitude sur l'employé avant de concrétiser son embauche.

La période d'essai pour les travailleurs et les employés peut aller jusqu'à deux mois. La durée pour les agents de maîtrise et les techniciens est fixée à trois mois et de quatre mois pour les cadres. L'extension de la période d'essai peut avoir déjà été mise en œuvre par le biais d'un accord de branche étendu ou par la signature de l'employeur et du travailleur au moment de l'établissement du contrat de travail. Mais il est bien entendu que le salarié peut aussi renouveler ou mettre fin à sa période d'essai.

Pour un contrat à durée déterminée, la période d'essai est fixée à un jour par semaine entière et au maximum à 2 semaines pour les contrats inférieurs ou égaux à 6 mois. Il est de 1 mois pour les contrats de plus de 6 mois.

Cependant, des conventions ou des accords collectifs peuvent définir les modalités d'aménagement de la période d'essai.

La période d'essai peut être résiliée librement à tout moment, sous réserve du respect d'un délai de prévenance.

Si l'employeur ou le salarié décide de mettre fin prématurément à la période d'essai, il faut prendre en compte la durée de présence du salarié dans l'entreprise. Il sera de :

| Présence salarié | Rupture du fait employeur | Rupture du fait salarié |
|---|---|---|
| 7 jours | 24 heures | 24 heures |
| Entre 8 jours et 1 mois | 48 heures | 48 heures |
| Plus de 1 mois | 2 semaines | 48 heures |
| Plus de 3 mois | 1 mois | 48 heures |

La poursuite du contrat de travail se fait automatiquement au terme de la période d'essai.

À la fin de la période d'essai, l'employeur à plusieurs possibilités. Il peut décider de le garder ou même en cas d'incertitude lui renouveler une nouvelle période d'essai. Mais il devra adresser au salarié un courrier en recommandé avec accusé de réception, ou lui remettre en main propre contre sa signature, dans un délai généralement fixé par la convention collective. Mais il peut très bien se séparer du salarié. Dans ce cas, cette démarche doit être aussi réalisée par courrier recommandé avec accusé de réception. La rupture du contrat de travail prend effet à la date d'envoi du courrier.

Cependant, le conseil de prud'hommes peut considérer la période probatoire comme abusive. Par exemple, c'est le cas si votre employeur a interrompu la période de probation parce que cela n'a rien à voir avec vos compétences professionnelles, mais par une intention délibérée de vous faire du tort ou par ségrégation.

De même, si pendant la période d'essai l'employeur décide de le rompre pour un motif disciplinaire. Il devra mettre en œuvre la procédure disciplinaire prévue à cet effet. En cas de maladie, la période d'essai est prolongée d'autant.

Le salarié sera considéré comme engagé définitivement dès le premier jour, si la période d'essai n'est pas mentionnée dans le contrat de travail. D'autre part, si l'employeur décide d'interrompre la période d'essai dont la période n'est pas précisée dans le contrat de travail. Le salarié peut demander des dommages et intérêts pour licenciement sans cause réelle et sérieuse.

En mars 2020, lorsque la période du confinement a commencé, les ruptures abusives de périodes d'essai ont très fortement augmenté. En effet, face à la crise du Covid- 19, les employeurs ont mis fin au contrat à des milliers de salariés qui étaient fraîchement embauchés. Le fait que l'employeur n'ait pas besoin de prouver qu'il existe une raison d'interrompre la période d'essai a permis de mettre fin à la période d'essai. Cependant, ces injustices peuvent être contestées auprès du conseil de prud'hommes.

Enfin, la durée de la période d'essai se calcule en jours calendaires et non en jours travaillés.

# LA DÉMISSION

La démission est un droit qui est dû au salarié. Cette initiative n'a pas à être motivée. Mais la démission doit explicitement exprimer sa volonté de démissionner. Sauf disposition contraire de l'employeur ou de la convention collective, les salariés doivent également respecter le délai de préavis qui peut être prescrit. Le salarié n'a nullement besoin de faire connaître à son employeur son intention de démissionner. La démission est un droit.

L'employé dispose de diverses façons de remettre sa démission, de gré à gré, entre son employeur et lui. Mais elle peut être prononcée aussi de vive voix comme elle peut être écrite. L'important, c'est que la démission ne soit pas ambiguë.

Cependant, il est préférable pour le salarié de présenter une démission écrite sous forme de lettre recommandée. En effet, cela évitera tout litige et permettra aussi de définir le début de la période de préavis. Une démission ne peut être exigée par avance, comme lors de la signature du contrat de travail ou au cours de son exécution. La démission se différencie du licenciement qui est une rupture unilatérale de l'employeur.

La démission et la rupture conventionnelle n'ont pas le même impact sur l'indemnité versée lors de la résiliation du contrat de travail. En cas de résiliation du contrat, l'employé recevra une indemnité spécifique pour la résiliation du contrat, et le montant spécifique sera déterminé en consultation avec l'employeur. La résiliation de l'accord va également permettre à la personne de percevoir des allocations chômage, ce qui n'est pas le cas avec la démission.

Tout comme la prise d'acte dont la rupture du contrat est émise par le salarié aux torts de l'employeur. Mais cette action peut être aussi identifiée comme une démission par le conseil de prud'hommes.

Le salarié peut choisir de quitter librement son emploi. Mais il doit éviter tout abus et ne doit jamais nuire à son employeur. Mais c'est à l'employeur de prouver si la démission a un caractère abusif. Si tel était le cas, il pourrait déposer une demande d'indemnisation devant le conseil de prud'hommes. L'employeur doit alors exposer aux conseillers l'exactitude des faits justifiant l'abus de son ancien employé.

Le juge prud'homal va donc examiner l'affaire afin de constater si l'employeur a subi un préjudice plus ou moins important. Mais surtout, il va prendre en considération le comportement du salarié lors de la rupture de son poste de travail pour apprécier le caractère abusif de sa démission. Mais il essaiera de comprendre pourquoi le salarié a pu avoir ce comportement envers son employeur.

En ce qui concerne le préavis, lorsqu'il est prévu, le salarié doit toujours l'effectuer. En effet, en cas de refus du préavis par le salarié, l'employeur peut porter ce litige devant le conseil de prud'hommes et demander des dommages et intérêts.

Toutefois, l'indemnité de préavis n'est pas versée au salarié, si à sa demande, il est dispensé de préavis en accord avec son employeur.

Dans le cas contraire, l'employeur devra verser l'indemnité de préavis à son salarié.

Il peut arriver que le salarié puisse avoir donné sa démission sans réfléchir, sur « un coup de tête ». Mais ensuite, il souhaite revenir sur cette décision trop hâtive.

Dans ce cas, si le salarié se rétracte assez rapidement les juges ont admis que la démission n'existait pas. Mais la rétractation n'est possible que si elle intervient rapidement, quelques jours après. Passé un certain délai, le salarié ne pourra plus revenir sur sa décision.

De même, si le salarié décide de revenir sur sa démission, car celle-ci a été remise sous la pression et la contrainte. En aucun cas, sa démission ne pourra être valable et il devra réintégrer son entreprise.

Mais il arrive dans ces circonstances, que la démission peut être requalifiée en prise d'acte de rupture du contrat de travail aux torts de l'employeur si les faits reprochés à l'employeur sont manifestement graves. C'est le cas, par exemple, si le salarié a subi des violences physiques et morales pour signer sa démission. Il peut alors se présenter devant les juges pour demander la requalification de la démission en prise d'acte de rupture. Cette démarche produira les mêmes effets qu'un licenciement sans cause réelle et sérieuse. Si en revanche le salarié désire réintégrer son poste de travail, alors il pourra tout à fait invoquer le vice du consentement pour obtenir l'annulation rétroactive de la démission, c'est-à-dire faire comme si la démission n'avait jamais existé.

Pour que la démission soit valable, il faut qu'au moment de l'acte de démission, il n'y est aucun litige qui oppose le salarié avec son employeur. Si un litige existe, le salarié pourra alors privilégier dans certains cas la prise d'acte de la rupture du contrat de travail aux torts de l'employeur plutôt que de remettre sa démission.

Vous pouvez très bien démissionner par e-mail, ce qui est valable. Mais votre employeur pourra vous demander de le confirmer en rédigeant un nouvel écrit sous forme de lettre.

En ce qui concerne vos congés payés. Vous pouvez prendre vos congés payés pendant votre préavis, de licenciement ou de démission selon que les congés payés aient été prévus avant ou après la notification de rupture, les conséquences sur le préavis sont différentes selon trois cas les plus fréquents :

**- Avant la notification de rupture**

Lorsque les congés payés ont déjà été validés par votre employeur, vous prenez vos congés aux dates prévues. Le préavis sera suspendu durant vos congés. Le préavis est ensuite prolongé d'une durée équivalente au nombre de jours de congés que vous aurez pris.

**- Après la notification de rupture**

Ni votre employeur, ni vous-même ne pouvaient imposer la prise de congé. Elle est fixée d'un commun accord entre vous et votre employeur. Le préavis n'est pas suspendu pendant les congés, sauf accord contraire entre votre employeur et vous-même. Le préavis n'est donc pas prolongé de la durée des congés pris.

**- L'entreprise est fermée pour congés payés.**

Comme votre entreprise est fermée, vous devrez peut-être les prendre. Dans ce cas, votre préavis ne sera pas suspendu et il ne sera donc pas prolongé en raison des congés.

Cependant, vous devez percevoir une indemnité compensatrice pour la période de préavis que vous n'avez pas pu effectuer. Mais aussi, une indemnité compensatrice de congés payés qui correspondra à la durée de fermeture de votre entreprise pour cause de congés annuels.

Dans tous les cas, si votre contrat de travail est rompu pendant vos congés, la période de préavis débutera à la fin de vos congés.

D'autre part, il ne faut pas confondre entre une démission et un abandon de poste. Lorsque le salarié informe son employeur de sa volonté de démissionner, cet acte, qui met fin à son contrat de travail, doit être accompli sans ambiguïté, afin qu'il n'y ait pas de doutes ou de malentendus sur les intentions du salarié.

C'est un fait que si le salarié s'absente de son travail pendant une longue période sans autorisation préalable et sans prévenir son employeur, alors logiquement, ce dernier peut dire qu'il y a eu un abandon de poste.

Enfin, dans certains cas, le salarié peut être contraint de partir précipitamment pour une urgence familiale, une blessure, ou il est forcé d'exercer son droit de retrait. Dans ce cas-la, il n'y a pas d'abandon de poste.

## LA PRISE D'ACTE

L'accomplissement de la prise d'acte se définit comme un processus par lequel un employé décide de mettre fin à la relation juridique entre lui et son employeur. Du fait qu'il se trouve dans l'impossibilité de continuer son activité en raison de violations graves commises par son employeur. Le salarié doit alors demander au conseil de prud'hommes, mais surtout de prouver que sa démarche était nécessaire afin qu'il puisse bénéficier de l'indemnité de licenciement et de ses allocations chômages. Il reviendra donc au conseil de prud'hommes de trancher sur le bien-fondé de cette procédure. Au contraire, si les faits ne permettent pas de prouver que l'action est justifiée, la prise d'acte sera considérée comme une démission.

Par conséquent, pour entreprendre une action, il faut que la prise d'acte produise les effets d'un licenciement. Pour cela, le salarié doit invoquer des manquements graves qui rendent impossible la poursuite du contrat de travail. Comme par exemple, l'employeur ne verse plus à son employé son salaire ni ses heures supplémentaires où il fait l'objet d'un harcèlement sexuel ou moral. Il peut arriver que la prise d'acte peut aussi s'imposer si l'entreprise modifie unilatéralement le contrat de travail, sans avoir au préalable consulté son salarié. De même, si l'employeur oblige le salarié à travailler pendant les jours de congés ou de repos. Ou si le salarié, malgré ses demandes répétées, l'entreprise ne lui fournit plus aucun travail alors que cette dernière à l'obligation de le faire travailler, cela peut donner lieu aussi à une prise d'acte.

D'autre part, le conseil de prud'hommes peut aussi être amené à être saisi lorsque le salarié souffre moralement et psychologiquement du fait que l'employeur ne prend pas en considération ces revendications qui ont pourtant étaient rapportés par les membres du comité d'hygiène, de sécurité et des conditions de travail, mais que l'employeur, malgré ces recommandations passe outre et préfère au contraire sanctionner le salarié.

Cependant, le salarié doit être en mesure d'apporter la preuve de la faute qu'il évoque. C'est pour cela qu'il est important de bien analyser la procédure d'une prise d'acte. Des juges prud'homaux ont condamné des employés, car les prises d'actes ont été analysées comme des démissions. Les juges ont considéré que les faits rapportés par les salariés ne donnaient pas lieu à une prise d'acte. En effet, le fait de décaler des paiements de salaire, à la suite des jours fériés et qui donc a occasionné des retards dans les versements des rémunérations ne sont pas des faits suffisamment graves pour que les salariés puissent invoquer, devant le conseil, la prise d'acte.

Cependant, le salarié se retrouve aussitôt sans son travail, et donc sans rémunération dès qu'il prend acte de la rupture de son contrat auprès de son employeur. Le salarié peut s'inscrire auprès de Pôle emploi, mais sa rémunération n'est pas acquise immédiatement. Pour ce faire, il doit prouver devant le conseil de prud'hommes qu'une action contre l'employeur était inévitable. Il faut donc attendre la décision du tribunal. Le risque de précarité peut être très important pour l'ancien salarié. Car entre la phase de saisine du conseil des prud'hommes et celle de la prononciation du jugement, mais aussi de son exécution, il peut s'écouler une période plus ou moins longue. L'action prud'homale peut s'étendre entre 16 et 24 mois voire même 36 mois. Il faut prendre en considération aussi le fait que l'employeur puisse faire appel, actuellement en 2021, il est de 24 mois en province. Mais depuis la crise du Covid 19, les délais ont énormément rallongé. D'autre part, à la suite de votre passage aux prud'hommes, Pôle emploi vous demandera un certificat de non-appel qu'il vous faudra demander auprès de la cour d'appel.

Désormais, afin que l'affaire soit étudiée le plus rapidement possible, mais aussi pour mettre fin à une attente qui pouvait être désastreuse sur le plan financier, le code du travail s'est vu introduire l'article L.1451 - 1. De ce fait et par cette loi du 1er juillet 2014, le salarié ne passe plus devant le bureau de conciliation depuis cette date. Son affaire est transmise directement devant le bureau de jugement du conseil de prud'hommes. Cela s'est traduit par une réduction significative de la durée de la procédure.

Car maintenant, le conseil doit prendre une décision dans un délai

maximum d'un mois dès qu'il a connaissance du dossier. Cette

procédure, qui a été portée directement devant le bureau de jugement,

est en grande partie due à la volonté de raccourcir le délai entre la date

à laquelle l'action a eu lieu et le versement des allocations de chômage

à l'ancien salarié.

La prise d'acte ne permet pas toujours d'obtenir des allocations

chômage mais lorsqu'elle produit les effets d'un licenciement le salarié,

qui est inscrit chez Pôle emploi, peut bénéficier d'allocations.

Toutefois, tant que le jugement des prud'hommes n'a pas

été rendu, l'ancien salarié ne peut pas demander le paiement de ses

allocations. Tout comme un salarié démissionnaire qui ne peut

demander à Pôle emploi un examen de son dossier que quatre mois

(121 jours) après la date de sa démission.

Lorsque le salarié fait parvenir à son employeur, sa prise d'acte, le code

du travail n'impose aucun formalisme à sa rédaction. Il est bien sûr

nécessaire, outre le fait de prévenir son employeur, de dresser

l'inventaire des reproches qui ont amené le salarié à la prise d'acte.

D'autre part, il est impossible après avoir fait acte de sa rupture de son

contrat de travail de demander ensuite sa réintégration dans

l'entreprise. Il est donc extrêmement important de bien réfléchir avant

d'entamer cette démarche, qui ne doit pas être réalisée sur un coup de tête.

La dénonciation de son contrat produit les effets d'un licenciement sans cause réelle et sérieuse, une fois que les faits cités ont été prouvés et justifiés par le salarié.

Dans ces conditions, le tribunal décerne au salarié qui réclame ses différentes indemnités qui lui sont dues ainsi que des dommages et intérêts auxquels il aurait eu droit en cas de licenciement sans cause réelle et sérieuse selon le barème d'indemnisation fixé par les dispositions légales.

Le barème résulte de l'ordonnance du 22 septembre 2017 communément appelé « barème Macron » qui correspond aux prises d'acte déclarer à compter du 24 septembre 2017. En fait, c'est la date de rupture du contrat de travail qui doit être prise en compte, c'est-à-dire la date de la notification de l'acte par le salarié.

Cette action marque immédiatement la fin du contrat de travail.

L'employé arrête de travailler sans obligation d'accomplir un préavis.

L'employeur lui délivre alors un certificat de travail, un reçu pour le solde de tout compte et l'attestation Pôle emploi si cette dernière n'a pas été transmise par voie électronique.

Lorsqu'un salarié adhère aux plans de participation, d'intéressement, de plans d'épargne, l'employeur doit lui remettre un récapitulatif qui fait état des sommes et valeurs mobilières épargnées. En cas de départ du salarié, le déblocage anticipé d'un plan épargne d'entreprise est possible sous certaines conditions prévues par la loi.

Et en cas de démission ou de licenciement, il est autorisé à les transférer sur le plan salarial de son nouvel employeur. Cela lui permet de conserver le compte en effectuant des versements volontaires de participation après sa démission ou de son licenciement.

Le conseil de prud'hommes peut être saisi dès que la prise d'acte est transmise à l'employeur afin qu'il se prononce sur les conséquences de la rupture. Le conseil dispose alors  d'un délai maximum d'un mois pour statuer sur le dossier qui n'est pas porté devant le bureau de conciliation, mais directement au bureau de jugement. Le conseil décide alors des effets à donner à la prise d'acte.

L'action qui a été sollicitée par le salarié, et qui lui a occasionné sa rupture de son contrat de travail doit être justifiée. Autrement, la prise d'acte serait considérée comme une démission. Dans ce cas, les indemnités, qui peuvent provenir du licenciement, de l'indemnisation de préavis et les dommages et intérêts, ne seront pas octroyées au salarié. En outre, il ne pourra pas percevoir d'allocation chômage. Tout ce que le salarié percevra sera une indemnité compensatrice pour les congés payés qui n'ont pas été pris. Mais ces congés seront calculés à la date de la rupture de son contrat de travail par la prise d'acte.

Dans ces conditions, l'employeur peut également réclamer au travailleur une indemnité tenant lieu de préavis de démission. Le montant correspondra à la rémunération du salarié pour la période de préavis qui n'a pas été effectuée.

L'employeur pourra exercer ce droit, qui lui permettra d'obtenir cette indemnisation. Il n'aura même pas à justifier d'un quelconque préjudice devant le conseil de prud'hommes. Cependant, l'indemnité ne sera pas due si le salarié est inapte à exécuter le préavis en raison d'une maladie. L'employeur ne peut pas non plus, auprès du conseil de prud'hommes, solliciter des droits à des congés payés sur l'indemnité due par le salarié. Mais l'employeur peut demander des dommages et intérêts si la rupture est considérée abusive. Mais aussi l'indemnité éventuellement prévue en cas de clause de dédit-formation. Toutefois, cette clause doit être notifiée dans le contrat de travail ou par un avenant.

Enfin, les salariés en période d'essai ainsi que les apprentis ne sont pas concernés par la prise d'acte. Elle ne peut pas être appliquée aussi par l'employeur. En effet, il peut déjà, par son pouvoir de licenciement, sanctionner son salarié d'éventuel manquement.

# LA RÉSILIATION JUDICIAIRE

Le salarié qui déplore envers son employeur des manquements graves à ses obligations contractuelles peut s'adresser au conseil de prud'hommes afin de rompre son contrat de travail. Dès lors, le licenciement sera considéré sans cause réelle et sérieuse si le conseil retient que la rupture est imputable à l'employeur. Si le salarié était représentant du personnel, le licenciement est considéré comme nul. Si le licenciement judiciaire n'est pas validé, le salarié retrouve son poste avec les mêmes conditions de travail.

La résiliation judiciaire peut venir de différentes sources, soit le salarié :

- perçoit en retard son salaire ou ne le reçoit pas du tout ;

- ne dispose pas du matériel nécessaire à ses fonctions ;

- ne se voit confier aucune mission et ne peut pas travailler ;

- est volontairement dénigré sans raison par son employeur ;

- est victime de discrimination ou de harcèlement au sein de l'entreprise, etc.

La demande de résiliation judiciaire peut être introduite par un employé en contrat de travail à durée indéterminée. Mais aussi par un employé dont le contrat de travail est à durée déterminée, mais seulement en cas de faute grave de l'employeur ou de force majeure. Il est impossible pour un intérimaire ou pour un stagiaire d'exercer une résiliation judiciaire à l'encontre de son entreprise. Sauf dans le cadre du contrat d'apprentissage, si l'apprenti commet une faute grave dans les 45 premiers jours du contrat, l'employeur n'a pas le droit de demander la résiliation judiciaire. De même, le salarié qui demande la résiliation judiciaire de son contrat de travail doit intenter une action en justice devant le conseil de prud'hommes.

Toutefois, la prise d'acte, la démission, le licenciement, la rupture conventionnelle, toutes ces causes peuvent faire l'objet de la rupture du contrat de travail.

La résiliation du contrat de travail prend effet dans les circonstances suivantes :

- le jour du procès ;

- ou si le travailleur est licencié au cours de cette procédure, à la date de la résiliation du contrat de travail.

L'employeur sera soumis à verser des indemnités suivant les cas :

- indemnisation de licenciement ;

- indemnisation compensatrice de congés payés et de préavis ;

- indemnisation pour licenciement injustifié.

Des documents, qui sont obligatoires, de fin de contrat doivent aussi être remis par l'employeur au salarié.

Les effets d'un licenciement seraient considérés nul dans le cas d'une demande de résiliation judiciaire en ce qui concerne le salarié protégé.

Ainsi, s'il y a eu violation du statut protecteur, dans ce cas, le salarié protégé pourra bénéficier d'une indemnité. Cette indemnisation sera d'un montant égal au salaire perçu au moment de sa date d'éviction à l'expiration de sa période de protection, dans la limite de deux ans et de 30 mois de salaire.

Cependant, le contrat de travail sera maintenu, sans indemnité ni dommages et intérêts si la demande du salarié n'est pas jugée suffisamment grave pour justifier la résiliation judiciaire ou si ce dernier ne convainc pas à démontrer la réalité des faits reprochés à son employeur.

En cas d'échec du procès, le travailleur reste dans l'entreprise sans que son acte juridique n'affecte l'exécution future de son contrat de travail.

Le contrat de travail du salarié est également maintenu pendant toute la durée de la procédure judiciaire, de la date de la saisine du conseil de prud'hommes jusqu'à la date du jugement.

À l'inverse de la prise d'acte, le salarié n'est pas tenu d'informer l'employeur de sa volonté de rompre le contrat. Il devra saisir le conseil de prud'homme directement afin de faire valoir la résiliation judiciaire.

La résiliation judiciaire du contrat de travail sera donc prononcée ou rejetée suivant la décision du conseil de prud'hommes.

Enfin, tout comme la prise d'acte, la résiliation judiciaire est une décision irrévocable. Elle doit donc être mûrement réfléchie. Si le salarié n'entrevoit aucune autre issue que la résiliation judiciaire. Il est vivement conseillé de se rapprocher auprès d'un défenseur syndical ou d'un avocat pour que la décision que vous souhaitez prendre soit des plus judicieuses.

# LES SANCTIONS

Une sanction disciplinaire est une disposition prise par l'employeur à la suite du comportement du salarié qu'il juge punissable. Cette sanction correspond à toute action à l'exception des observations verbales prises par l'employeur après le comportement d'un salarié que l'employeur juge condamnable. Cette action peut ou non affecter immédiatement la présence du travailleur dans l'entreprise, sa fonction, sa carrière ou sa rémunération.

Le droit de sanction n'est pas défini en fonction de la taille de l'entreprise ou de son activité.

Avant toute sanction, l'employeur doit suivre une procédure destinée à informer le travailleur concerné pour lui permettre de se défendre. Si l'employeur juge que la sanction ne peut être que le licenciement. Ce dernier doit respecter une procédure selon le code du travail.

La sanction disciplinaire est donc un acte unilatéral de l'employeur prévu dans le Code du travail qui indique :

*« Constitue une sanction toute mesure, autre que les observations verbales, prise par l'employeur à la suite d'un agissement du salarié considéré par l'employeur comme fautif, que cette mesure soit de*

*nature à affecter immédiatement ou non la présence du salarié dans, sa fonction, sa carrière ou sa rémunération ».*

Les différentes sanctions qui sont appliquées par le patron au sein de son entreprise doivent être indiquées dans le  règlement intérieur. Le code du travail impose que les entreprises ou établissements qui emploient au moins 50 salariés doivent obligatoirement disposer d'un règlement intérieur. Le nombre de salariés était auparavant au nombre de 20 jusqu'au 31 décembre 2019. Mais depuis le 1er janvier 2020, le seuil d'effectif est passé à 50 salariés.

À partir du moment où l'entreprise ne dispose pas de règlement intérieur, même s'il y est soumis, l'employeur ne peut pas invoquer son pouvoir disciplinaire pour sanctionner le travailleur et peut être condamné par le juge en référé à « prendre les mesures appropriées pour mettre fin au désordre manifestement illégal » à rappeler la Cour de cassation.

En fait, l'employeur n'aura d'autre choix que de renoncer à la sanction dans l'attente d'une décision au fond qui, de toute façon, se prononcera dans le même sens, voire d'annuler la peine s'il n'a pas l'intention d'aller plus loin. Il s'ensuit que la sanction, contrairement au licenciement, ne peut être infligée au travailleur que si cela est prévu dans le présent règlement intérieur à relever la Cour de cassation.

D'autre part, la Cour de cassation vient de rappeler que l'employeur peut sanctionner différemment les salariés ayant participé à la même infraction. L'employeur a le pouvoir d'individualiser les sanctions disciplinaires pour des actes identiques commis par plusieurs salariés. Il peut même ne pas sanctionner l'un d'entre eux qui a commis la même faute. On parle de pouvoir d'individualisation des sanctions disciplinaires a rappelé la Cour de cassation dans son arrêt du 21 novembre 2018. Par conséquent, l'employeur doit apporter la preuve que l'individualisation des sanctions est maintenue sur la base d'éléments objectifs sans rapport possible avec aucune discrimination.

Si un salarié estime qu'il y a discrimination, il doit invoquer une cause d'abus de pouvoir ou de discrimination prévue à l'article L1132 - 1 du code du travail.

Et s'il est démontré que la différence de sanction est liée à un motif de discrimination, alors sur la base de l'article L1132 - 4 du Code du travail, la sanction peut être révoquée et l'employeur condamné à indemniser les travailleurs pour le préjudice qu'ils ont subi.

L'employeur qui veut imposer une sanction doit suivre une certaine procédure spécifique sous peine d'être lui-même condamné par le conseil de prud'hommes. Par conséquent, il est essentiel de comprendre ce que l'on veut dire par sanction.

Elles sont généralement classées dans un ordre croissant qui sont :

- l'avertissement/le blâme ;

- la mise à pied disciplinaire ou conservatoire ;

- la mutation ;

- la rétrogradation ;

- le licenciement pour cause réelle et sérieuse (faute simple, faute légère) ;

- le licenciement pour faute grave ;

- le licenciement pour faute lourde.

## a) sanction : l'avertissement/le blâme à l'encontre du salarié

L'avertissement est une mesure disciplinaire peut élever dans l'ordre des sanctions disciplinaires, généralement sous forme de lettres ou de courriels, accusant l'employé de diverses erreurs et l'avertissant de faire de gros efforts pour corriger la situation. En principe, aucun entretien préalable n'est requis pour envoyer une lettre d'avertissement.

À ce principe, une exception notable : l'entretien préalable est requis si l'avertissement peut avoir une incidence sur la présence du salarié dans l'entreprise, sa fonction, sa carrière ou sa rémunération.

Dans l'échelle des sanctions disciplinaires applicables, l'avertissement a, à peu près la même valeur qu'un blâme qui est moins utilisé que l'avertissement. Le blâme est considéré comme le degré juste au-dessus de ce dernier. Comme l'avertissement, le blâme est une sanction disciplinaire mineure, car elles ne modifient pas la rémunération, les fonctions ou la présence du salarié dans l'entreprise. Il n'est donc pas nécessaire de convoquer le salarié à un entretien préalable, sauf si l'employeur souhaite l'inscrire au dossier disciplinaire du salarié.

En supposant qu'une faute doit être proportionnelle à sa sanction, il est évident qu'un avertissement ne peut sanctionner aucun type de faute. Il visera principalement aux fautes légères qui ont peu d'impact sur l'organisation de l'entreprise, mais qui présente malgré tout une dérogation au code de conduite édicté par l'employeur.

## b) sanction : les pauses trop longues et/ou successives du salarié

Dans le code du travail, la pause est aussi un droit fondamental. Néanmoins, un salarié souvent en pause peut inciter d'autres de ses collègues à suivre ce comportement et ainsi engendrer une véritable perturbation dans l'entreprise.

Tout employeur doit trouver le juste-milieu entre de multiples pauses plus ou moins longues et la sanction à administrer. L'avertissement adressé au bon moment peut arrêter le mouvement d'incitation aux multiples pauses.

## c) sanction : les cas d'absences répétées du salarié

Afin de limiter ce comportement, un employeur peut être incité à prononcer des avertissements à son employé afin d'essayer de recommencer le travail sur une base positive sans pour autant créer un litige ce qui peut entraîner des résultats fâcheux.

Mais avant toute chose, il est très important avant de procéder à l'avertissement écrit, de faire plusieurs remarques oralement.

L'employeur devra intervenir au maximum deux mois après le comportement fautif de son employé pour procéder à toute mesure disciplinaire. Puis, il faudra exprimer précisément par écrit la cause de l'avertissement, en indiquant les faits qui sont reprochés au salarié. La lettre doit ensuite lui être envoyée avec la demande de sa signature à sa réception.

L'employeur peut s'abstenir de convoquer son salarié puisque l'entretien préalable n'est pas obligatoire en matière d'avertissement.

## d) sanction : la mise à pied disciplinaire du salarié

Le chef d'entreprise, et lui seul, à le pouvoir de sanctionner le salarié. C'est une sanction lourde durant laquelle la relation de travail est suspendue pour une période déterminée, période durant laquelle le salarié n'est pas rémunéré. L'agissement du salarié sera considéré comme constitutif d'une faute susceptible d'être réprimée suivant le règlement de chaque entreprise.

Une procédure obligatoire doit donc être respecté comme le code du travail le prévoit, c'est-à-dire :

- l'employeur doit tout d'abord convier le salarié à un entretien préalable ;

- la lettre de convocation doit indiquer le sujet, le jour et l'horaire et le lieu de l'entretien préalable ;

- La lettre doit faire connaître à l'employé qu'il peut être accompagné par une personne choisie parmi les employés de l'entreprise ;

- La convocation doit être remis directement à la personne

concernée contre décharge ou transmise par une lettre recommandée avec accusé de réception.

L'employeur doit s'assurer qu'un délai raisonnable est respecté entre sa demande officielle et le déroulement de l'entrevue pour accorder au salarié le temps de préparer sa défense.

Lors de l'entretien, l'employeur doit informer le salarié du motif de la sanction envisagée et obtenir ses explications. L'employeur pourra continuer la procédure disciplinaire, même en cas de défection du salarié à l'entretien.

Après l'entrevue entre le salarié et l'employeur, ce dernier doit notifier au salarié sa décision par lettre recommandée avec accusé de réception. Dans ces circonstances, la lettre contre décharge de la signature se fait rarement puisque bien souvent, le salarié n'est plus à son poste de travail. Après l'entretien, l'employeur dispose d'un délai d'au moins deux jours et d'un mois au maximum pour faire connaître sa décision à partir de la date de l'entretien.

L'employeur doit préciser la date de début et de fin de la sanction dans son courrier. Ensuite, il est à noter que le règlement intérieur doit stipuler obligatoirement la durée maximale de la mise à pied. Si l'employeur sanctionne le salarié alors que le règlement intérieur ne précise pas la période de la durée de cette mise à pied, la sanction sera inévitablement considérée comme invalide.

D'autre part, la première procédure conservatoire mise en place par l'employeur peut entraîner une mise à pied disciplinaire. Cependant, la durée de la première sanction est décomptée de la deuxième sanction. Non bis in idem, c'est une règle qui interdit à l'employeur de sanctionner deux fois les mêmes faits.

### e) sanction : la mise à pied du salarié

La mise à pied conservatoire est un procédé utilisé par l'employeur qui consiste à demander à un salarié qui a fait une faute de ne plus paraître à l'entreprise pour travailler. Dès lors, son contrat de travail se trouve suspendu ainsi que sa rémunération pendant toute la durée de sa mise à pied.

La mise à pied conservatoire n'est pas considérée comme une sanction, mais une mesure prise par l'employeur afin de mieux observer l'environnement du salarié en attendant la décision définitive. Bien souvent, cette procédure reflète principalement le licenciement. L'employeur considère donc que la présence de l'employé dans l'entreprise lors du processus de licenciement n'est pas souhaitable. L'employeur va procéder à des investigations permettant de vérifier la réalité des fautes commises par le salarié. Mais pour cela, il ne peut pas le faire avec la présence de son employé qui n'est pas encore considéré comme fautif. L'employeur va donc décider d'une mise à pied dite conservatoire de quelques jours afin d'éloigner l'employé de l'entreprise. Il pourra ainsi mieux examiner la situation.

L'employeur a 2 mois après avoir pris connaissance des charges reprochés contre l'employé pour ordonner sa mise à pied conservatoire. Par conséquent, la date de notification de la mise à pied conservatoire permettra de s'assurer du respect de ce délai par l'employeur.

La loi ne prévoit pas de forme spécifique de la mise à pied conservatoire contrairement à un licenciement disciplinaire. L'employeur se doit seulement d'aviser l'employé par tout moyen qui lui convient. C'est ainsi qu'il est considéré comme valable la notification par mail ou par sms d'une mise à pied conservatoire. Mais il est préférable de notifier une telle mesure par une lettre en recommandée avec accusé de réception ou lui être remise en main propre contre décharge. Très souvent, la notification de la mise à pied conservatoire se fera dans un courrier de convocation à un entretien préalable à une mesure de licenciement. Lors de la mise à pied conservatoire, l'activité et la rémunération du salarié sont suspendues.

À noter que si le licenciement est ultérieurement prononcé pour faute simple avec une cause réelle et sérieuse et non pour une faute lourde ou grave, le salaire sera revu pour la période de mise à pied conservatoire.

La mise à pied conservatoire du salarié est un acte important. Elle est déjà considérée par le salarié comme une vraie sanction. Elle doit donc être utilisée consciemment par l'employeur. Cette situation doit donc répondre à une condition, que les allégations contre l'employé doivent être très importantes.

*Quelques exemples d'erreurs graves pouvant donner lieu à une mise à pied conservatoire :*

- la subtilisation de choses au sein de l'établissement ;

- l'agressivité verbale ou physique envers d'autres collègues de travail ;

- la persécution moral ou sexuel dans l'entreprise ou son environnement ;

- le départ du poste de travail et les absences illégitimes ;

- l'infraction des consignes de sécurité ;

- l'abus de l'internet pour des raisons privées ;

- l'utilisation du réseau informatique à titre personnel, etc.

Lorsqu'il prend une décision de mise à pied conservatoire, l'employeur doit très vite engager une procédure disciplinaire en parallèle. En exemple, si un licenciement pour faute grave ou lourde est prévu, le salarié doit être convoqué très rapidement pour un entretien préalable.Très souvent, le rendez-vous à l'entretien est indiqué dans la notification de mise à pied conservatoire, soit un second courrier sera adressé au salarié. Cependant, dans l'intérêt du salarié, la jurisprudence peut octroyer un délai plus long si une enquête plus approfondie est indispensable.

La mise à pied conservatoire ne peut être comptabilisée dans le temps. Elle commence au jour et à l'horaire, normalement lors de sa notification, et se termine par l'annonce de la mesure disciplinaire.

Si le délai de convocation semble assez long, le juge pourra contraindre l'employeur à reformuler la mise à pied conservatoire en mise à pied disciplinaire. Cela écartera une autre sanction, car une faute ne peut pas faire naître deux sanctions.

Le salarié dispose de deux années pour contester la décision de la mise à pied conservatoire devant le conseil de prud'hommes. Si sa demande est retenue, il peut obtenir des dommages et intérêts pour le préjudice moral subi et le paiement de sa rémunération non reçu durant la période de sa mise à pied.

Le salarié qui reçoit une mise à pied et se retrouve ensuite en arrêt maladie, ne se la verra pas reportée après son rétablissement. Mais il est possible d'envoyer une mise en demeure conservatoire à un employé déjà en arrêt-maladie si l'employeur souhaite le licencier ultérieurement pour faute grave. Le salarié percevra comme il se doit ses indemnités journalières de la sécurité sociale.

Mais, le complément de salaire, qui est éventuellement prévu par les conventions collectives ou les accords de branche, ne lui sera pas versé.

En ce qui concerne le salarié protégé, l'employeur a l'obligation de prévenir l'inspection du travail sous deux jours sous peine de nullité du licenciement, car son départ devra nécessiter son approbation.

Toutefois, la mise à pied du salarié protégé ne le soustrait pas de son mandat. Ce dernier pourra continuer d'exercer ces fonctions pendant toute la durée de sa mise à pied.

<u>**f) sanction : la mutation du salarié**</u>

La mutation est une lourde sanction disciplinaire. Elle implique pour le salarié un changement profond de son travail. L'employeur peut l'écarter de son poste pour le diriger vers un autre. Il peut se retrouver à collaborer avec un nouveau groupe de travail. L'employé peut aussi être transféré dans un autre établissement appartenant au groupe du salarié. Ces changements n'entraînent pas la rectification du contrat de travail dès lors que le salarié va travailler sur un poste équivalent. Dans ce cas, il n'est pas nécessaire que l'employeur obtienne l'approbation du salarié et il peut donc imposer son transfert. Le but de ce changement est de sanctionner fondamentalement le salarié pour inconduite.

Et considéré comme fautif et peut entraîner comme une cause réelle et sérieuse de licenciement le fait pour le salarié de s'opposer à cette mutation. De ce fait, l'employeur, devant cet acte d'indiscipline, peut être amené à se séparer de son salarié. Le licenciement du salarié par l'employeur s'analyse comme un acte qui ne pourra pas, normalement, être répréhensible. Toutefois, en cas de transfert dans un autre établissement qui est situé à plus de 50 kilomètres, il y aura un changement au contrat de travail. L'employeur devra absolument avoir l'accord du salarié. Cependant, si son contrat de travail inclut une clause de mobilité qui n'est pas abusive, le salarié ne peut pas contester sa mutation. Mais en l'absence de cette clause et si malgré tout l'employeur impose cette mutation, sans demander l'avis du salarié.

L'employeur peut dans ce cas, être confronté à la rupture du contrat de travail à ses torts. Dans ce cas, le salarié pourra faire constater la résiliation de son contrat de travail qui sera donc imputable à son employeur devant le conseil de prud'hommes.

Mais l'employeur peut prononcer une autre sanction à l'encontre du salarié si ce dernier refuse la mutation disciplinaire en lieu et place de la sanction refusée. Néanmoins, la nouvelle sanction doit être fondée sur les mêmes faits que ceux à l'origine de la sanction que le salarié avait refusée. L'employeur pourra alors dans ce cas opter pour le licenciement.

Cependant, l'employeur devra reprendre entièrement la procédure disciplinaire. À nouveau, il devra convoquer le salarié à un entretien préalable. Il devra lui faire savoir au cours de l'entretien quelle sanction est envisagée à son encontre. Puis l'employeur devra notifier la sanction au salarié en respectant les délais et les conditions de forme.

**g) sanction : la rétrogradation disciplinaire du salarié**

Un contrat de travail ne peut être rectifié sans l'accord de l'employé même si ce dernier est sanctionné par une rétrogradation disciplinaire. Une fois que l'employé aura reçu la modification, il sera averti de son choix d'apprécier ou de rejeter la sanction. Si cette information est absente, cela ne gênera pas l'employeur de continuer à exécuter cette procédure, ni ne privera l'employeur de prendre d'autres mesures de sanction contre la rétrogradation si l'employé la refuse.

Un employé peut très mal subir une rétrogradation disciplinaire car c'est une sanction très grave qui peut bouleverser totalement son travail. Cela peut se faire par le biais d'un changement de poste, des fonctions peuvent également être enlevées à l'employé. La rétrogradation entraînera non seulement un changement complet du travail chez l'employé, mais peut être aussi préjudiciable sur sa rémunération.

La rétrogression disciplinaire équivaut au remaniement du contrat de travail. Sa mise en œuvre nécessite le consentement écrit de l'employé. Si l'employé fait l'objet de mesures disciplinaires, elle suppose aussi le respect des procédures nécessaires : lettre de convocation, entretien préalable, collecte d'explications auprès du salarié, etc. En conséquence, si à l'issue de l'entretien préalable à une sanction, l'employeur estime que les faits fautifs commis justifient une telle mesure, il doit mentionner dans la lettre la faculté pour le salarié d'accepter ou de refuser cette modification de son contrat dû à sa rétrogradation. Il est recommandé de préciser également une date limite de réponse.

Car l'employeur doit laisser au salarié le temps nécessaire pour lui permettre de prendre une décision. En effet, le salarié pourrait être amené à prendre la mauvaise décision qui aurait été prise dans la précipitation. Le délai de réflexion doit donc être raisonnable sans pour autant durer plus qu'il n'en faut. Le silence, en revanche, ne caractérise pas un consentement ou la confirmation de la poursuite du contrat de travail dans ses nouvelles conditions.

Lorsque le déclassement est accepté par le salarié et l'employeur. Cette modification doit être concrétisée par un engagement d'un écrit ou d'un avenant au contrat de travail. Dans le cas contraire, l'employé peut toujours réclamer son ancien poste et la rémunération qu'il avait auparavant pour cette fonction. L'employé peut également prendre des mesures contre son employeur pour modification de son contrat de travail.

Si l'employeur ne tient pas compte de l'opposition de l'employé, ce dernier peut parfaitement contester cette sanction disciplinaire et engager des poursuites judiciaires pour annuler la rétrogradation.

Si le salarié refuse d'être rétrogradé, l'employeur ne peut en aucun cas le licencier pour le refus de sa rétrogradation. Cependant, l'employeur peut encore prononcer une nouvelle sanction. Il peut choisir une option moins sévère, comme l'avertissement, le blâme ou la mise à pied. Mais le licenciement peut intervenir si les fautes ayant motivé la rétrogradation initiale sont suffisamment graves.

La lettre qui doit parvenir au salarié doit clairement contenir le motif du licenciement. Mais l'employeur ne peut en aucun cas se prévaloir du refus de rétrogradation du salarié pour justifier son licenciement. Après avoir choisi une sanction alternative, l'employeur doit inviter à nouveau le salarié pour un entretien préalable, à moins que la sanction envisagée ne soit qu'un simple avertissement. Le salarié peut, dans les 15 jours suivant la communication du licenciement, solliciter à l'employeur des informations plus précises sur les raisons exposées dans la lettre. Le salarié envoie sa demande par courrier en recommandé avec accusé de réception ou la remise en main propre contre la signature de l'employeur.

S'il le souhaite, l'employeur peut réagir dans les 15 jours que suit la date de la réception de la demande du salarié pour fournir plus en détail des précisions sur son licenciement. Il fait connaître ces précisions au salarié toujours par lettre recommandée avec avis de réception ou remise ses écrits contre la signature du salarié.

### h) Sanction : résiliation du contrat de travail pour des raisons réelles et sérieuses du salarié

L'employeur qui invoque ce fait pour justifier la rupture du contrat de travail du salarié ce doit de légitimer son action. Le licenciement est dominé par deux principaux types de motif, le licenciement économique et le licenciement personnel.

Dans les deux cas, s'il doit exister des motivations réelles et sérieuses de licenciement, l'employeur doit les démontrer.

### i) Sanction : résiliation du contrat de travail pour motif personnel du salarié

La cause réelle et sérieuse du motif personnel lors du licenciement doit être fondée et démontrée. Réelle, c'est-à-dire basée sur des faits précis qui sont vérifiables et non sur une impression ou un jugement subjectif. Les événements doivent être mesurés au cas par cas, en fonction de leur importance, de leur répercussion sur le bon fonctionnement de l'établissement. Mais aussi sur l'ensemble des services accomplis par le salarié dans l'entreprise.

Tout départ de l'entreprise peut faire l'objet d'une contestation devant le conseil de prud'hommes. Mais aussi par le fait que la rupture du contrat de travail puisse donner lieu à un désavantage soit pour l'employeur soit pour le salarié.

L'existence d'un licenciement pour cause réelle et sérieuse peut être remise en cause si le juge l'estime. De ce fait, le salarié peut se voir réhabiliter dans ses fonctions si l'employeur accepte la proposition du juge. Le salarié peut même retrouver ses avantages acquis avant ce litige. Mais si l'une ou l'autre des parties écarte cette possibilité de la réintégration, le juge accorde au salarié une indemnité à la charge de l'employeur.

Le 22 septembre 2017 une ordonnance intitulée loi Macron, dont les dispositions ont été appliquées à compter du 24 septembre 2017 a instauré de nouvelles modalités de fixation des indemnités dues au salarié en cas de licenciement dépourvu de cause réelle et sérieuse.

Le salarié qui agit devant le conseil de prud'hommes contre son ancienne entreprise à la suite d'un licenciement abusif verra son indemnité plafonnée. En effet, la loi Macron instaure une limite à ne pas dépasser, dont la somme évolue en fonction de l'ancienneté.

Toutefois, il n'y a aucun plafond qui peut être appliqué lorsque le juge constate que le licenciement est nul en raison de l'origine du salarié, de son sexe, de son orientation sexuelle, de son âge, de sa situation de famille ou de sa grossesse, une nation ou une prétendue race, de ses opinions politiques ou religieuse, de ses activités syndicales ou mutualistes, de son apparence physique, de son son nom de famille, de son lieu de résidence, de son état de santé, de sa perte d'autonomie ou de son handicap, etc.

L'indemnité minimale accordée par le juge est égale aux salaires des six derniers mois.

**j) Sanction :Procédures de mesures disciplinaires contre l'employé**

Lorsque la présence d'une faute de l'employé est établie, le motif personnel du licenciement sera disciplinaire.

Différentes fautes peuvent mener au licenciement, il en existe trois qui entraînent le départ du salarié de l'entreprise avec de diverses conséquences.

Vous avez tout d'abord la faute réelle et sérieuse ou la faute simple.

Pour qu'une faute soit suffisamment sérieuse pour être admise, elle doit être constatable et contrôlable. Cette conséquence arrive souvent par négligence suite à une erreur de l'employé ou qui refuse d'exécuter une tâche. Mais le salarié se verra octroyer qu'en même, les indemnités de licenciement, de préavis et de congés payés.

Pour la faute grave, le salarié ne se verra pas attribuer son indemnité de licenciement et ni son préavis. La raison, c'est que la faute grave correspond à des faits de vol, d'ivresse, d'insubordination, de harcèlement, d'absences injustifiées… Ce sont des fautes suffisamment graves qui exigent immédiatement le départ du salarié de l'entreprise. Ce dernier percevra tout de même ses congés payés.

Puis vient la faute lourde. Elle provoque des conséquences absolument très importantes. Le salarié doit partir de l'entreprise sur-le-champ, sans préavis ni indemnité. L'employeur peut même recevoir une indemnisation sous forme de dommages et intérêts si le salarié se voit condamné. Toutefois, pour qu'il puisse retenir la faute lourde, l'employeur doit justifier l'existence d'une intention de nuire, (séquestration, violences, dégradations matérielles…). Là aussi, il touchera ses congés payés, car c'est un droit qui vient récemment d'évoluer.

## k) sanction : licenciement sans faute du salarié

Même si l'employé n'est pas en faute, il peut tout de même être congédié. L'intention de licencier sera basée sur une cause venant de l'employé. L'entreprise peut évoquer diverses allégations contre un employé qui n'a pas commis d'acte répréhensible.

Mais des procédures légales de licenciement doit être respecté par l'employeur, ces mesures comprendront :

1) la convocation du salarié ;

2) l'entretien préalable ;

3) la confirmation du licenciement par voie postale ;

4) le respect d'un préavis ;

5) le paiement d'indemnités.

## l) sanction : le motif économique cause de licenciement du salarié

Bien qu'il soit également fondé sur des raisons réelles et sérieuses, le licenciement pour motif économique répond à des critères différents. Le licenciement pour motif économique est possible s'il remplit quatre conditions prévues par le code du travail :

- un motif qui n'est pas inhérent au salarié ;

- un licenciement résultant d'une suppression ou transformation d'emploi ou d'une modification, d'un élément essentiel du contrat de travail refusée par le salarié ;

- la modification, suppression ou transformation doit résulter d'une réorganisation, de mutations technologiques ou de difficultés économiques et financières de l'entreprise ;

- le reclassement du salarié dans l'entreprise ou les autres filiales du groupe est impossible.

Pour mettre fin au contrat de travail, des mesures spécifiques devront être prises par l'entreprise. Les représentants du personnel doivent être consultés par l'employeur en fonction du nombre de salariés licenciés avant de procéder à l'entretien préliminaire, à la notification de licenciement et aux informations de l'autorité administrative compétente.

Le salarié qui sera licencié pourra bénéficier d'un préavis et des indemnités de licenciement, de congés payés et éventuellement d'une contrepartie financière si le contrat prévoit une obligation de ne pas travailler pour un concurrent pendant une période de temps donnée si son contrat de travail comporte une clause de non-concurrence. Néanmoins, des licenciements sont considérés illicites en invoquant des motifs plus ou moins fallacieux. L'employé ne peut donc pas être licencié sur la base de motifs discriminatoires ou relevant du harcèlement, qu'il soit subi ou qu'il ait été dénoncé. D'autre part, si le salarié constate et dénonce des faits de corruption ou de toute autre infraction au sein ou à l'extérieur de l'entreprise et de ce fait se fait licencier. L'employé, pour faire valoir ses droits, pourra alors entreprendre une procédure devant le conseil de prud'hommes s'il souhaite réfuter son départ.

Enfin, et bien qu'il soit désagréable pour le salarié à l'accepter, un rappel à l'ordre n'est pas assimilé à une sanction disciplinaire. Tout comme le refus d'accorder une promotion ne constitue pas non plus une sanction, du moment qu'elle est justifiée par les capacités professionnelles du salarié.

# LA CLAUSE DE DÉDIT-FORMATION

La clause de dédit-formation est une clause que l'on retrouve dans un contrat de travail à durée indéterminée. Et, en ce qui concerne le contrat de travail à durée déterminée cela dépend seulement si la durée du contrat rend la formation effective et réelle. Mais la clause de dédit-formation peut être incluse aussi dans un contrat à temps partiel ou intermittent. Cette clause peut donner lieu à un avenant au contrat de travail ou dans un accord écrit.

En effet, l'employeur est tenu d'une façon générale de former ses salariés et de maintenir leur employabilité. Par conséquent, l'entreprise doit s'assurer que les salariés ont reçu la formation nécessaire pour qu'ils puissent travailler dans des conditions normales et se conformer aux exigences en matière de santé et de sécurité. Sinon, il devra s'assurer de former autant que nécessaire ses salariés. L'entreprise doit aussi tout faire pour maintenir ses collaborateurs dans leur emploi ou contribuer à leur déroulement de carrière, ce qui exige souvent des actions de formation spécifiques ou de mise à niveau si les techniques d'entreprise changent et évoluent.

Toutefois, en cas de départ de l'entreprise, la clause devra être respectée par le salarié qui s'engagera, mais suivant le délai fixé par cette disposition, à restituer à celle-ci la somme totale réellement effectuée par son employeur pour sa formation.

Cependant, un montant minimum de dépenses nécessaires pour la formation de ses nouveaux salariés est imposé à l'employeur par la loi et la convention collective de l'entreprise. Mais parfois, il peut survenir que l'entreprise investit un montant qui est plus que prévu pour la formation d'un salarié. De ce fait, l'investissement de l'employeur dépasse largement en coût de qui était prévu dans la convention collective. C'est particulièrement le cas pour des postes dont la compétence doit être très pointue avec une formation plus renforcée pour que le salarié puisse correctement remplir ses fonctions.

L'avantage pour l'employeur d'inclure dans le contrat une clause de dédit-formation va lui permettre d'obtenir de la part de son salarié les compétences qu'il a acquises lors de sa formation. En effet, si le salarié venait à rompre son contrat de travail avant son terme, l'indemnisation qu'il devra verser à l'entreprise le dissuaderait de démissionner.

En outre, l'employeur peut être deux fois protégé si le contrat prévoit aussi une clause de non-concurrence. Le salarié, en cas de démission, ne pourra pas faire profiter à une autre entreprise de son savoir issu de cette formation.

Pour que la clause de dédit-formation soit juridiquement valable, elle doit faire l'objet d'une convention particulière. La forme juridique de la convention doit prendre en compte avant le début de la formation les modalités du remboursement à la charge du salarié, c'est-à-dire la date, la nature, la durée de la formation et le coût réel de l'employeur.

De plus, la formation du salarié doit être prise en charge totalement par l'employeur. L'investissement que l'employeur affecte à la formation doit au moins être semblable à ses obligations légales ou conventionnelles minimales en matière de financement de la formation professionnelle continue.

En d'autres termes, seules les sommes engagées par l'entreprise, en plus de ses obligations légales ou conventionnelles de financement de la formation professionnelle, peuvent faire l'objet d'une clause de dédit-formation et elle peut donc occasionner dans ce cas-là à un remboursement.

Le montant du reversement doit être analogue aux frais véritablement dépensés par l'entreprise. De ce fait, le salarié ne doit pas être privé de sa faculté de démissionner. En outre, l'employeur sera dans l'impossibilité de se faire rembourser des salaires perçus par l'employé alors qu'il était en formation. En effet, les dépenses de formation ne peuvent pas être assimilées à des salaires. Cette clause de dédit-formation qui indiquerait que le salarié devrait rembourser partiellement ou totalement des salaires perçus pendant la formation serait considérée comme nulle. Le salarié peut ainsi quitter l'entreprise sans avoir à s'acquitter des sommes fixées par cette clause.

En cas de rupture anticipée, la clause peut prévoir que le montant à restituer est dégressif. D'autre part, la clause ne doit pas être exagérée sur la durée d'engagement du salarié. Cette durée varie entre de 2 à 5 ans, et elle doit être liée à la durée de la formation suivie et aux coûts supportés par l'employeur. Les juges veillent à ce que la durée du contrat du salarié ne soit pas manifestement trop longue ou disproportionnée par rapport aux coûts supportés par l'entreprise.

Mais, lorsque le licenciement est motivé par une faute grave, voire lourde de la part du salarié, il lui incombe de rembourser les frais réels de formation dès lors que la clause le prévoit. Le remboursement s'opère selon les modalités prévues au sein de la clause. Si la clause ne dit rien à ce sujet, le salarié n'a pas à rembourser ces frais.

Il peut arriver dans le cadre d'un accord par simple écrit ou par voie postale, que les parties décident que le salarié ne remboursera rien ou seulement une partie de la somme initialement prévue.

En cas de prise d'acte du salarié, le salarié a certainement causé son propre départ, mais la restitution de l'indemnité ne devrait pas l'être s'il est démontré que cette rupture est imputable à la faute de l'employeur. Il en est de même pour l'ensemble des ruptures non imputables au salarié que ce soit économique, inaptitude ou autre.

En cas de rupture d'un contrat de professionnalisation ou d'apprentissage, l'employeur ne peut pas exiger du titulaire le remboursement des dépenses de formation. Le code du travail l'interdit expressément. La justification tient au fait d'une part que l'employeur n'a pas supporté seul la charge financière de la formation, et d'autre part que ce type même de contrat s'appuie nécessairement sur une action de formation dont c'est précisément l'objet.

Par ailleurs, les clauses de dédit-formation ne sont pas obligatoires dans le contrat de travail. L'employé a le droit de s'opposer à la signature et il peut s'abstenir de s'engager en retour sur une telle disposition. Mais en procédant ainsi, le risque pour le salarié, c'est que l'employeur ne finance pas la formation discutée.

Enfin, il n'est pas possible de réaliser plusieurs formations autour d'une même clause de dédit-formation. La règle c'est d'en faire une par formation.

# LA CLAUSE DE NON-CONCURRENCE

Lorsque le salarié ou l'employeur se sépare, le contrat de travail n'est pas totalement rompu. En effet, pour garantir la loyauté de son salarié, l'employeur a peut-être  ajouté en accord avec le salarié une clause de non-concurrence. Et suite à la rupture de son contrat de travail, le salarié ne pourra pas travailler chez la concurrence.

Cependant, le salarié ne doit pas peiner dans sa recherche d'emploi pour trouver un poste ailleurs à cause de la clause de non-concurrence. Par ailleurs, se sont les juges eux-mêmes qui sont venus encadrer la clause de non-concurrence et non le code du travail.

La clause de non-concurrence interdit donc au salarié de travailler pour un autre employeur concurrent ou même de mener des activités concurrentielles.

Par contre, la clause de confidentialité interdit uniquement au travailleur de faire connaître certaines informations dont il a eu connaissance par l'intermédiaire de son entreprise. Il est toujours libre de rejoindre des sociétés concurrentielles. Cette clause peut être exécutée pendant l'exécution du contrat de travail ou après la résiliation du contrat.

Au contraire, la clause de non-concurrence doit être formellement stipulée par écrit dans le contrat de travail pour la rendre effective. Elle peut également être produite par une convention collective.

La jurisprudence a déterminé quatre autres conditions valables de la clause de non-concurrence incorporée dans le contrat de travail.

La première, des intérêts légitimes doivent justifier la clause. L'employeur doit prouver que l'insertion d'une clause de non-concurrence dans le contrat de travail est essentielle pour maintenir la bonne santé de l'entreprise. Par exemple, cela peut être le cas lorsque le salarié entretient des relations privilégiées avec les clients.

La deuxième clause doit être spécifique à l'emploi. En effet, avant d'intégrer une clause non-concurrentielle dans un contrat de travail, l'employeur doit porter attention aux relations avec le client et aux responsabilités du salarié ainsi qu'aux informations confidentielles de l'entreprise auxquelles il a accès. Cette condition est donc facile à justifier si, par exemple, le salarié occupe un poste à responsabilités.

La troisième clause doit être temporelle et géographique. Pour ne pas gêner le principe de liberté du travail du salarié, la clause de non-concurrence doit être modérée. De manière générale, elle sera limitée à deux ans à compter du départ du salarié dans l'entreprise, et elle s'appliquera à la zone géographique précisée dans le contrat de travail.

La quatrième clause doit prévoir des contributions financières. L'employeur doit verser une compensation à son salarié s'il ne lui fait pas concurrence et qu'importe la raison de la rupture du contrat de travail.

Son montant ne doit pas être fixé en fonction de la durée dans le temps. Mais elle ne doit pas non plus restreindre d'une façon très importante sa liberté professionnelle. Son coût peut faire l'objet d'un forfait voire même un pourcentage sur son salaire. Cependant, le montant ne peut pas être modulé selon le mode de résiliation du contrat de travail. En revanche, en cas de licenciement pour faute grave ou de démission, il est interdit de minimiser la contrepartie financière en raison du mode de rupture du contrat.

Le salarié peut demander que cette compensation lui soit payée sous forme de capital ou de rente à condition que l'employeur permet cette substitution. Quoi qu'il en soit, le paiement ne peut être attribué au salarié qu'après la rupture de son contrat.

Si ces quatre conditions ne sont pas remplies, la clause de non-concurrence sera invalide en cas de litige. Seul le salarié peut invoquer que la clause de non-concurrence soit considérée comme nulle. Cela va de soi que si le salarié a respecté la clause durant toute la durée de son contrat de travail au sein de l'entreprise, l'employeur reste tenu de verser l'indemnité compensatrice pendant toute cette période.

Si des fonctions spécifiques sont exercées par le salarié, mais qui gênent amplement son environnement de son travail par le fait de cette clause. Elle sera considérée, par le tribunal, comme abusive. Car le salarié ne doit pas batailler pour trouver du travail à cause de cette clause.

L'employé doit également faire preuve de loyauté concernant la clause de non-concurrence. Si le salarié l'enfreint, cela peut amener l'employeur à ne plus verser l'indemnité, et même à exiger le remboursement des paiements déjà effectués. De plus, s'il prouve l'existence d'un préjudice devant le tribunal, il peut réclamer des dommages et intérêts. Le juge peut même forcer le salarié, sous astreinte, à cesser sa nouvelle activité.

Enfin, dans les trois départements du Bas-Rhin, le Haut-Rhin et la Moselle, les règles relatives aux clauses de non-concurrence sont contraires au droit commun français. Elles sont réunies à l'article 74 et aux articles suivants de la réglementation commerciale locale et s'appliquent aux employés qualifiés de « commis de commerce ». Les deux principales caractéristiques sont :

- La compensation est au moins égale à 50 % du salaire ;

- En cas d'opposition à appliquer la clause de non-concurrence, la compensation doit tout de même être honorée pendant 12 mois.

# LA CLAUSE DE MOBILITÉ

Une clause de mobilité peut figurer dans un contrat de travail. Cette clause est insérée par l'employeur qui souhaite que son salarié puisse exercer son travail hors périmètre de l'entreprise. Par cette clause, le salarié approuve à l'avance toute modification de son lieu de travail ou de déplacement occasionnel que l'employeur peut ordonner. Mais la clause de mobilité peut survenir beaucoup plus tard à la suite de changement au sein de l'entreprise. Dans ce cas-là, c'est par un avenant au contrat que les conditions de la clause de mobilité sont notifiées. Cet avenant est ratifié par l'employeur et le salarié. Ce dernier par sa signature convient donc que son patron puisse le faire déplacer selon les besoins de l'entreprise.

La clause de mobilité ne doit pas être assimilée avec les clauses qui concernent les déplacements professionnels. Cela implique généralement les services de construction et de travaux publics, obligeant les employés à se rendre sur les chantiers. Ces déplacements sont inhérents à leurs fonctions, donc même si le contrat de travail ne les prévoit pas, ils ne peuvent être rejetés par le salarié.

La clause de mobilité géographique contenue dans un contrat de travail à durée indéterminée ou à durée déterminée permet à l'employeur de modifier le travail d'un salarié sans avoir préalablement obtenu son consentement. En conséquence, le salarié doit se conformer à la clause de mobilité qui a été mise en place avec son accord et changer de lieu de travail. De même, l'employeur doit être sincère lorsqu'il utilise la clause de mobilité.

Sa mise en œuvre par l'employeur doit correspondre à un besoin objectif de l'entreprise. Par exemple, son application peut être justifiée si elle répond à une augmentation de la charge de travail d'un autre établissement inclus dans la zone géographique. Le salarié doit être prévenu raisonnablement à l'avance. Le délai de prévenance n'est pas fixé par la loi, mais il faut laisser le temps au salarié de préparer et d'organiser son départ. Le lieu d'affectation du salarié doit précisément être indiqué dans la clause.

Il peut arriver que l'entreprise du salarié crée une nouvelle société. Mais sa création s'est effectuée bien après la signature du contrat de travail qui inclut la clause de mobilité. Dans ce cas, le salarié ne commet pas de faute, s'il refuse son transfert dans cette nouvelle société. Les clauses de mobilité stipulées dans le contrat de travail ne peuvent être changées directement ou indirectement par le seul souhait de l'employeur.

L'employeur doit être attentif à la convention collective, si elle existe au sein de l'entreprise. Car la convention peut imposer une procédure de mise en œuvre de la clause de mobilité. Si le salarié est muté sans respecter cette procédure et que le salarié refuse cette mutation et de ce fait, il soit licencié pour ce motif, le licenciement pourra être considéré comme infondé.

La mutation du salarié doit être motivée compte tenu des besoins de l'entreprise. Lorsque la clause est utilisée à des fins disciplinaires, la mutation doit être justifiée par une faute réelle et sérieuse. De plus, cette possibilité doit déjà être prévue dans le règlement intérieur si l'entreprise est composée de 50 employés. Dans ce cas, l'employeur doit respecter la procédure disciplinaire qui est indiquée dans le règlement. Certains excès peuvent se faire, il faut donc anticiper afin de mieux protéger le salarié. Car celui-ci peut parfois être dans l'impossibilité d'être transféré compte tenu de sa situation familiale. Cependant, il ne faut pas que l'entreprise, sachant très bien que le transfert du salarié n'est pas possible, puisse appliquer cette clause en anticipant son refus pour résilier le contrat au détriment du salarié. Mais le salarié peut refuser l'application d'une clause de mobilité si la mutation modifie un élément essentiel du contrat, par exemple une baisse de sa rémunération, le passage d'un horaire de jour à un horaire de nuit et inversement, un délai trop court...

A contrario, le refus du salarié de se conformer à la clause de mobilité prévue dans son contrat de travail peut justifier son licenciement pour faute grave. Le salarié ne peut refuser, sans aucune justification légitime, de rejoindre sa nouvelle affectation alors qu'une clause de mobilité est présente dans son contrat de travail. Si le salarié ne se rend pas sur son nouveau lieu de travail, il peut risquer de se faire licencier par son employeur.

Les salariés protégés peuvent décliner d'être mutés même s'il existe une clause de mobilité, sans aucune mesure disciplinaire contre eux. La seule option pour l'employeur est de suivre la procédure de licenciement spécifique.

Enfin, des clauses de mobilité particulières peuvent exister. L'employeur peut demander au salarié de vivre à proximité du nouveau lieu de travail, mais vous devez obtenir son consentement.

# LA CLAUSE DE GARANTIE D'EMPLOI

La clause de garantie d'emploi ou clause de pérennité a pour objet d'assurer au salarié la stabilité de son emploi. L'employeur ne peut donc pas résilier le contrat de travail.

Si cette clause n'est pas respectée, l'entreprise devra verser au salarié une indemnité qui aurait été négociée lors de la signature du contrat. La résiliation du contrat de travail n'est pas totalement impossible si la clause est licite. Par conséquent, elle ne peut pas être infinie. Elle peut toutefois être composée d'une période plus ou moins longue. La jurisprudence a convenu que la clause de maintien de l'emploi du salarié est valable au moins 10 ans.

Cependant, la Cour de cassation a déjà accepté la validité de la clause de garantie d'emploi sans limitation de durée. Ainsi, il n'est licite que la clause octroyant une garantie d'emploi illimitée au salarié, à condition qu'il réalise un objectif de vente déterminé (Cass. soc. 20 mai 2009, n° 08-41606).

Dans la plupart des cas, la clause de garantie d'emploi formule des raisons pour lesquelles la rupture reste toutefois admise comme le motif économique, l'inaptitude...

Cependant, l'employeur devra indemniser le salarié du solde des salaires restant dus jusqu'au terme de la période de garantie si cette clause n'était pas respectée. Dès que cette période de garantie sera arrivée à son terme, le salarié pourra bénéficier des indemnités de chômage. Toutefois, des dommages et intérêts seront versés en cas de non-respect de la clause de garantie. De plus, elles seront cumulables avec l'indemnité de licenciement ainsi qu'avec l'indemnité compensatrice de préavis.

Si cette clause doit être évoquée pendant l'entretien d'embauche, elle doit être reprise par écrit dans le contrat de travail initial. Ce qui permet d'attirer des candidats pour des métiers dans lesquels des difficultés de recrutement existent. Ou lors d'une promotion, car la clause de garantie d'emploi incitera le salarié à s'impliquer davantage comme pour un poste qui n'aurait pas souhaité sans cette clause.

Des clauses de garantie d'emploi sont parfois prévues par des conventions collectives pour que le salarié puisse en bénéficier. Dans la plupart des cas, elles s'exécutent en cas de congé de maladie, afin d'empêcher l'employeur de licencier le salarié avant l'expiration d'un certain délai.

Enfin, la clause de garantie d'emploi peut valablement avoir pour effet d'empêcher l'employeur de mettre le salarié à la retraite.

# LA CLAUSE DE REPRISE D'ANCIENNETÉ

La clause de reprise d'ancienneté signifie que les parties ont accepté de rétablir l'ancienneté de l'employé à la date précédant l'exercice de ses fonctions lors de la conclusion du contrat de travail. Les qualifications reprises peuvent être totales ou partielles. De même, cette clause peut être reprise dans un contrat précédent qui avait été signé par l'employé. Certaines conventions collectives ont mis en place cette reprise d'ancienneté. Ainsi la classification ou l'indemnité de licenciement, lorsque le salarié a travaillé dans le même secteur d'activité ou les mêmes fonctions, sont reprises pour que celui-ci conserve ces avantages.

La clause contractuelle doit prendre en considération ces dispositions conventionnelles et elle ne doit pas être non plus préjudiciables à l'employé.

La reprise d'ancienneté doit découler d'un engagement clair de la part de l'employeur. C'est pourquoi, le rétablissement de l'ancienneté ne peut être présumé et doit être précisément mentionnée. La clause de reprise d'ancienneté doit donc impérativement figurer par écrit dans le contrat de travail pour produire ses effets, notamment si la convention collective ne prévoit rien à ce sujet.

Cependant, il est également possible d'obtenir une preuve d'engagement de reprise d'ancienneté en la mentionnant sur la fiche de paie. Dans de nombreux cas, il a été jugé que le bulletin de salaire qui indique l'ancienneté antérieure avant d'occuper le poste, constitue la présomption de reprise d'ancienneté par l'employeur.

La clause de reprise d'ancienneté se doit donc d'être reprise de plein droit. Ainsi, lors d'une embauche en contrat à durée indéterminée suite à un contrat à durée déterminée ou d'une mission d'intérim, l'ancienneté obtenue dans le cadre du contrat précaire sera automatiquement conservée. Si le stagiaire est embauché à l'issue de son stage de plus de deux mois, toute la durée, c'est-à-dire en prenant la période de stage passée dans l'entreprise, sera prise en compte pour l'ouverture et le calcul des droits liés à l'ancienneté. De même à la suite d'un transfert de l'entreprise, l'employé conservera automatiquement l'ancienneté obtenue par sa précédente entreprise.

Enfin, sauf disposition contraire de la clause, la reprise d'ancienneté aura un impact sur tous les droits liés à l'ensemble de ses avantages, tels que les congés payés, la démission, la classification, etc. Mais aussi sur la rémunération, car outre le salaire minimum conventionnel, le salarié peut revendiquer une égalité de traitement avec ses collègues qui ont la même ancienneté.

# LA CLAUSE D'OBJECTIFS OU DE QUOTAS

Les clauses d'objectif ou de quotas sont des clauses du contrat de travail qui fixent les objectifs à atteindre par l'employé. Ces objectifs peuvent être quantitatifs et qualitatifs. Mais le salarié peut aussi bien retrouver ces deux objectifs dans son contrat. Ces clauses d'objectifs sont souvent utilisées pour les représentants de commerce et les salariés qui ont une activité commerciale.

Elle fournit une base à l'employeur pour évaluer les résultats à atteindre afin de caractériser les déficiences professionnelles afin de mettre en place une stratégie pour permettre au salarié de les atteindre.

D'autres critères sont concevables aussi, comme un certain nombre de rendez-vous à assurer, le nombre de contrats à réaliser, un certain chiffre d'affaires à atteindre, etc.

Mais l'employeur doit également veiller à préciser une durée. Cette durée peut être à l'année, au semestre, au trimestre, au mois voire même en semaine comme pour les centres d'appel. Mais généralement, l'employeur choisit une durée annuelle et le bilan s'effectue au moment de l'entretien annuel.

De cette obligation qui incombe au salarié de réaliser les objectifs fixés par la clause de son contrat fait qu'en contrepartie l'employeur devra lui verser une prime d'objectif.

Certaines conditions doivent être respectées pour que la clause d'objectifs ou de quotas soit licite. En effet, la jurisprudence autorise la validité de ces clauses d'objectifs et qualitatifs à condition que les objectifs fixés soient raisonnables et compatibles avec le marché.

Il faut aussi que la rédaction de la clause dans le contrat de travail soit compréhensible sur le mode de calcul pour permettre au salarié d'effectuer lui-même et facilement l'estimation de sa rémunération lorsqu'il recevra son bulletin de paie.

Il est évident que cette clause peut offrir à l'employeur un motif de rupture du contrat en cas de non-réalisation des objectifs. Toutefois, les objectifs qui sont fixés dans le contrat de travail du salarié ne leur attribuent pas systématiquement un caractère réaliste. En cas de non-réalisation des objectifs, ce sont les juges du fond qui vont décider si ces objectifs étaient réalistes et si le salarié était en faute de ne pas les avoir atteints.

En principe, l'employeur, du fait de son pouvoir de direction, peut de lui-même déterminer le ou les objectifs qu'il va demander à son salarié. Toutefois, en cas de convention collective dans l'entreprise, un contrat de travail prévoit parfois que cette fixation doit faire l'objet d'une négociation entre salarié et employeur au moment de sa rédaction.

Cependant, le renouvellement des objectifs ou leur revalorisation peut être envisagé si le contrat le stipule, mais en aucun cas, l'employeur ne peut modifier les objectifs sans l'accord formel du salarié. Par conséquent, lorsque le contrat de travail fixe des objectifs par un accord mutuel, l'employeur ne peut pas rectifier unilatéralement ces objectifs. Dans ce cas-là, si le salarié n'est pas d'accord, il peut refuser, car il s'agit d'une modification de son contrat de travail.

Mais il arrive que l'employeur insère dans le contrat de travail une clause expresse qui l'habilite à réviser seul les objectifs initialement fixés.

En toute hypothèse, les objectifs doivent être raisonnables. L'employeur doit se référer à ce qui se pratique en général dans la branche d'activité, et également tenir compte d'autres éléments, comme le secteur géographique du salarié.

Enfin, il n'est pas considéré comme un motif de licenciement l'insuffisance de résultats. Cependant, si la clause d'objectif stipule des objectifs minimaux à atteindre, et le fait de ne pas y parvenir remettrait en cause non seulement le contrat de travail, mais aussi la situation du salarié. Cependant, le fait d'inclure automatiquement une clause de résiliation est illicite.

# LE DROIT DE RETRAIT

Lorsque la situation menace gravement sa vie ou sa santé, l'employé peut, sans en avoir auparavant averti son employeur, quitter son lieu de travail ou même refuser de s'y installer. Il utilise ainsi son droit de retrait.

Dans le code du travail, le droit de retrait y tient sa place. Lorsque l'employé estime que sa vie ou sa santé font face à des menaces graves et à des défauts constatés dans le système de protection, il doit en informer l'employeur le plus rapidement possible.

S'il demeure encore des dangers graves et imminents ainsi que du matériel de protection qui semblerait inutilisable, l'employeur ne peut pas obliger son travailleur, qui a fait l'usage de son droit de retrait, de retourner à son poste de travail.

En fait, le droit de retrait est étroitement lié à un autre concept, à savoir l'obligation d'alerte. En effet, dès qu'un salarié découvre que la situation de travail est dangereuse pour sa santé ou celle d'autrui, ou que le système de protection de l'entreprise est défectueux, le salarié est obligé de le signaler à son employeur. D'autre part, si un représentant du personnel est présent dans l'entreprise, le salarié doit le prévenir afin qu'il puisse exprimer son droit d'alerte.

Ces informations peuvent être présentées verbalement ou par écrit, et il n'est pas nécessaire de suivre un modèle de lettre pour faire avertir de son droit de retrait. Mais il est, pour des raisons de preuve, préférable de prévenir l'employeur par écrit.

Lorsqu'une situation dangereuse se présente au travail, et après en avoir alerté son employeur, le salarié a le droit de se démettre de la situation en attendant que le danger s'écarte.

Cependant, le salarié qui exerce son droit de rétractation ne peut pas rentrer chez lui. Il doit se tenir à la disposition de son employeur. Il peut également être dirigé sur un autre poste de travail correspondant à ses compétences en attendant que le risque de son ancien poste soit écarté. Il existe de nombreux exemples de droit de retrait, qui peuvent être prouvés par le manque d'équipement de sécurité inapproprié ou l'utilisation de matériaux défectueux. Cependant, avant d'exercer le droit de retrait, le salarié doit s'assurer que certaines conditions sont remplies.

En effet, le droit de retrait est envisagé pour des circonstances inhabituelles. Pour exercer ce droit de retrait, le salarié doit se trouver dans une situation gravement dangereuse pouvant nuire à sa vie ou à sa santé physique et mentale.

Mais un danger peut survenir subitement ou très rapidement. De ce fait et afin de se sécuriser, le salarié peut quitter précipitamment son poste de travail. L'employeur ne peut, en aucun cas, blâmer la façon d'agir de son salarié.

Toutefois, le salarié doit tout de même s'assurer qu'en agissant ainsi, cela n'occasionne pas un autre danger pour ses collègues. En effet, si la faculté de retrait est ouverte au salarié, ce dernier doit l'exercer le mieux possible afin qu'elle ne puisse pas engendrer une nouvelle situation *dangereuse.*

Dans un souci de prévention, le salarié peut exercer son droit de retrait et refuser de se présenter à son poste de travail tant que des mesures ne sont pas mises en place pour sa sécurité.

Le droit de retrait peut aussi être aussi collectif. Cependant, chaque employé doit prévenir individuellement son employeur de son absence à son poste de travail. Ce qui supposerait que chaque employé a des motifs raisonnables de croire que sa vie ou sa santé est menacée et qu'il devrait quitter le lieu du danger. L'employeur ne pourra pas réprimer un salarié qui aurait fait valoir son droit de retrait, à condition que ce droit de retrait soit très alarmant.

Si le danger persiste, l'employeur ne peut ni demander au salarié de rejoindre son poste de travail ni dénoncer son contrat de travail.

En théorie, l'exercice du droit de retrait n'inflige aucune sanction ni aucune réduction de salaire aux employés ou à un groupe d'employés qui quitteraient leur poste de travail à la suite d'une situation grave ou imminente pour la vie ou pour la santé de chacun d'eux. Il est considéré comme faute inexcusable l'employeur qui aurait eu connaissance de la situation dangereuse, mais qui n'a rien fait pour que son salarié ne soit pas victime d'un accident du travail ou d'une maladie professionnelle.

Enfin, si le droit de retrait est légitime de la part du salarié dans ce cas-là, l'employeur ne pourra pas le sanctionner, ni effectuer de retenue sur son salaire. Mais s'il s'avère que le droit de retrait est illicite de la part de l'employé. Le salarié risque la sanction disciplinaire ainsi qu'une retenue sur son salaire.

# LA RUPTURE CONVENTIONNELLE

La rupture conventionnelle donne la possibilité à l'employeur et au salarié ayant un contrat de travail à durée indéterminée de parvenir à un accord mutuel sur les termes de la rupture du contrat de travail.

La rupture conventionnelle n'est ni une démission du salarié ni un licenciement qui serait opéré par l'employeur. En fait, il s'agit d'un départ de l'entreprise sous l'entente des deux parties. Mais cet arrangement doit être formalisé par un écrit conventionnel qui précise spécifiquement l'indemnité versée au salarié. Cependant, le montant ne peut être inférieur à l'indemnité légale de licenciement. Cela lui donne droit aussi à des prestations d'assurance-chômage.

L'accord signé par les deux parties doit indiquer toutes les conditions de la cessation du contrat, notamment le montant de l'indemnité spécifique de rupture et la date de résiliation du contrat.

La rupture conventionnelle n'a pas à être motivée pour être légale. Il n'y a donc pas lieu de mentionner les causes du départ du salarié. En cas de signature, la rupture conventionnelle devra être validée par l'administration.

La rupture conventionnelle est ouverte au salarié employé uniquement en contrat de travail à durée indéterminée. Le dispositif ne s'applique pas aux salariés en contrat de travail à durée déterminée ou en contrat temporaire. La rupture au moyen de ce dispositif n'est pas possible non plus pour l'apprenti. Car le contrat d'apprentissage est un contrat à durée déterminée.

Cependant, pendant les deux premiers mois de l'apprentissage, l'une ou l'autre des parties peut résilier à l'amiable le contrat d'apprentissage. Si la période des deux mois s'est écoulée, la rupture du contrat ne peut se faire que par un accord écrit et signé par les deux parties.

Le code du travail ne prévoit aucune formalité pour la résiliation du contrat avec l'employeur. Il est plus opportun de lui demander un entretien. Ainsi, vous pouvez lui dire que vous souhaitez parvenir à un accord pour une rupture conventionnelle pour partir de l'entreprise. La date de résiliation du contrat de travail est de plein gré négociée par les deux parties. Mais cela prend généralement 40 à 50 jours à partir du moment où vous décidez de rompre le contrat de travail et de quitter définitivement l'entreprise. Vous pouvez aussi demander un entretien verbalement. Mais il est plus prudent que vous envoyez une lettre recommandée à votre employeur ou en lui remettant en main propre contre sa signature. De toute façon, un entretien est obligatoire, sans cette étape, la rupture conventionnelle sera considérée comme nulle.

Lors de l'entretien ou dans vos écrits, vous pourrez exposer les raisons qui vous poussent à demander une rupture conventionnelle et les avantages qu'il y a à accepter votre demande.

Il est donc crucial de bien méditer votre décision et de bien concevoir cette entrevue.

Toutefois, une rupture conventionnelle peut être annulée par le conseil de prud'hommes. Dès lors que le salarié établit que la rupture n'était pas libre et qu'il a signé dans un contexte de harcèlement moral ou de pression. De ce fait, l'employeur affecte le caractère libre du consentement. Dans ce cas, le consentement de l'une des parties étant vicié, la rupture est nulle. Par conséquent, la rupture est considérée comme un licenciement injustifié.

Il est à noter qu'en ce qui concerne l'accord de la rupture conventionnelle, toute demande ou rejet de cet accord doit être soumis au conseil de prud'hommes dans les 12 mois suivant la date d'homologation de la convention.

Enfin, l'indemnité spécifique de rupture conventionnelle est soumise à l'impôt sur le revenu.

# LE CONTRAT DE PROFESSIONNALISATION

Le contrat de professionnalisation est un contrat de formation alternative qui combine une formation pratique en situation de travail et une formation théorique dans un établissement de formation ou dans une entreprise. Dans le cadre de la formation continue, le salarié va acquérir une qualification professionnelle qui sera reconnue par l'État et par certaines branches professionnelles. L'objectif est d'intégrer ou de réintégrer les jeunes et les adultes sur le marché du travail.

Le contrat de professionnalisation est un contrat en alternance entre l'employeur du secteur privé et le salarié qui remplit certaines conditions pour y avoir accès. À l'exception des particuliers employeurs, le contrat peut être conclu avec tout type d'employeur privé. Toutefois, l'État, les collectivités territoriales et les établissements publics à caractère administratif et les employeurs publics ne sont pas concernés par le contrat de professionnalisation sauf les établissements publics industriels (EPIC) et les entreprises d'armement. Le contrat de professionnalisation doit être sous forme écrite. Il peut s'agir d'un contrat à durée indéterminée ou d'un contrat à durée déterminée. Un tuteur accompagne le salarié qui sera chargé de l'accompagner et de l'aider dans son parcours.

Grâce au contrat de professionnalisation qui est un contrat de travail en alternance, il est possible de combiner les connaissances théoriques et pratiques. Le savoir théorique est dispensé par l'entreprise si des services de formation sont disponibles ou par des organismes de formation agréés. La pratique peut s'exercer au sein d'une ou plusieurs entreprises.

Le contrat de professionnalisation vise à obtenir un titre ou un diplôme correspondant à la qualification inscrite au répertoire national des certifications professionnelles. Elles peuvent être renommées dans les classifications d'une convention collective nationale de branche ou être représentées dans une liste de qualification professionnelle.

Les personnes qui sont concernées par le contrat de professionnalisation sont des jeunes de 16 à 25 ans révolus. Les personnes de 26 ans moins un jour pour compléter leur formation initiale ou des demandeurs d'emploi âgés de 26 ans et plus, ou des bénéficiaires du revenu de solidarité active, de l'allocation de solidarité spécifique ou de l'allocation aux adultes handicapés ou encore des personnes ayant bénéficié d'un contrat unique d'insertion.

Un jeune étranger peut conclure un contrat de professionnalisation à condition qu'il soit titulaire de la carte de séjour temporaire ou pluriannuelle portant la mention étudiant.

Le contrat de professionnalisation peut être conclu pour une période de

6 à 12 mois lorsque le salarié est en contrat à durée déterminée. Mais pour un contrat à durée indéterminée qui comprend une formation, il est sur une période de 6 à 12 mois.

Il peut toutefois être prolongé pour le contrat à durée déterminée jusqu'à 36 mois et de 24 mois pour le contrat à durée indéterminée. Pour le bénéficiaire d'un contrat à durée déterminée, la prolongation est également possible si la seconde qualification visée est supérieure ou complémentaire à la première.

Par ailleurs, dans le cas du salarié qui n'aurait pas pu atteindre la qualification préparée à cause d'une maladie, d'un accident, d'un échec à l'examen voire même de la défaillance de l'organisme de formation, la prolongation est admissible.

Pour le titulaire d'un contrat à durée indéterminée, la prolongation est effectuée sur la période d'alternance. Le contrat de travail se prolonge dans le cadre du contrat à durée indéterminée traditionnelle.

Le contrat de professionnalisation indique le nom du tuteur, le type de contrat qui est signé par le salarié. Sa fonction au sein de l'entreprise ainsi que l'horaire de travail et sa rémunération. Il sera demandé au salarié ce qu'il souhaite réellement retirer de cette formation. Mais surtout, son implication devra être incontestable. C'est pourquoi il est suivi par un tuteur dans sa formation.

Le contrat peut spécifier une période d'essai. Dans le contrat, la clause de déchéance ne peut pas être incluse. Le temps de formation est comptabilisé dans les heures de travail. Un salarié qui signe ce contrat bénéficie du même statut qu'un autre salarié de l'entreprise. Les jours de semaine et ses heures de travail sont les mêmes que ses collègues. Néanmoins, les heures de travail ne doivent pas dépasser la durée journalière maximale autorisée.

Dès que le contrat est signé, l'employeur doit le transmettre au plus tôt à l'Opco, le délai est de 5 jours. L'Opco est un Opérateur de compétences qui est un organisme paritaire agréé pour gérer une partie des contributions Formation professionnelle des employeurs du secteur privé qui leur est versée par France Compétences. Il a pour objectif d'accompagner les branches professionnelles et les entreprises dans leurs politiques de compétences. L'Opco réunit 54 branches professionnelles. Il a pour objectif d'accompagner les branches professionnelles et les entreprises dans leurs politiques de compétences. Si l'organisme estime que le contrat contient des clauses illégales ou n'est pas conforme aux conventions collectives, elle dispose de 20 jours pour s'opposer et résilier le contrat.

Il arrive bien souvent que des entreprises n'utilisent pas des équipements ou des technologies dont le stagiaire aurait peut-être besoin. Dans ce cas, ce dernier peut suivre une formation dans d'autres entreprises qui seraient en mesure d'être pourvu de ces éléments. Une convention sera donc conclue entre l'employeur, les entreprises d'accueil et le salarié en contrat de professionnalisation.

Dans ce contrat, il est spécifié que l'accueil de ces entreprises doit représenter la moitié du temps de formation. Le contrat détaille spécifiquement le titre, le diplôme ou le certificat de qualification professionnelle à préparer. L'accord mentionne la durée de la période d'intégration, les tâches qui seront confiées aux salariés ainsi que l'heure et le lieu de travail.

Le salarié s'engage à œuvrer pour le compte de son employeur et à respecter la formation prévue dans le contrat. En contrepartie, l'employeur s'acquitte à dispenser une formation au salarié afin qu'il puisse parvenir à obtenir une qualification professionnelle. Il s'engage également à confier à ce dernier un emploi en rapport avec son objectif professionnel. Il est possible de réaliser son contrat à l'étranger, mais pour une durée n'excédant pas 1 an.

Durant cette période, les conditions de travail du salarié sont sous la responsabilité de l'entreprise ou l'établissement de formation. Celles-ci sont déterminées par les lois en vigueur et les dispositions contractuelles du pays d'accueil, en ce qui concerne la rémunération, les heures de travail ou tout autre chose. Il est possible de conclure un accord avec le salarié et un employeur en France et un autre employeur à l'étranger. De même, il est possible de convenir d'un accord avec des établissements de formation en France et éventuellement des établissements de formation à l'étranger.

Concernant le salaire du contrat professionnel, la loi fixe le salaire minimum en prenant en référence le salaire minimum de croissance pour les titulaires d'un contrat de professionnalisation. Le salaire minimum varie en fonction de l'âge et du niveau de qualification du salarié. La rémunération s'exécute à la durée du contrat à durée déterminée, ou pour le contrat à durée indéterminée pendant la période de l'exécution du contrat de professionnalisation.

Le salaire minimum de base s'adresse aux titulaires de qualifications non-professionnelles ou de diplômes de niveau bac ou de qualifications professionnelles ou de diplômes inférieurs au bac.

Si les jeunes ont des qualifications professionnelles ou des diplômes égaux ou supérieurs au niveau bac, le ratio augmentera. L'augmentation liée au passage d'une tranche d'âge à une autre est effective à partir du premier jour du mois après la date de l'anniversaire du bénéficiaire.

Les avantages en nature peuvent être décomptés du salaire, dans la limite de 75 % des déductions autorisées pour les autres salariés de l'établissement. Cependant, ces défalcations ne peuvent dépasser les trois-quarts du salaire mensuel minimum applicable aux détenteurs du contrat. Un taux de déduction des avantages en nature moins élevé peut être fixé par convention collective ou par le contrat de travail.

Enfin, Pôle emploi peut allouer une aide forfaitaire d'un montant maximal de 2000 € pour l'embauche d'un demandeur d'emploi âgé de 26 ans et plus en contrat à durée indéterminée ou en contrat à durée déterminée, si l'employeur n'a pas procédé dans les six mois qui

précèdent l'embauche à un licenciement pour motif économique sur le

poste pourvu par le recrutement et si le titulaire du contrat n'a pas

appartenu à l'effectif de l'entreprise au cours des six derniers mois

précédant la date d'embauche.

# LA RÉDUCTION DE TEMPS DE TRAVAIL (RTT)

La Réduction du Temps de Travail, appelé RTT, est un système qui attribue des jours ou demi-journées de repos au travailleur qui exerce par semaine plus 35 heures. La mise en place d'un système de la Réduction du Temps de Travail dans une entreprise suppose une convention ou un accord d'entreprise.

L'accord d'entreprise choisit les conditions de la prise des journées de RTT et les dispositions qui permettent de les cumuler. Sauf si un accord particulier d'entreprise le conçoit, les salariés exerçant à temps partiel ne peuvent logiquement pas en disposer.

Sur le territoire français, la durée du temps de travail a été réduite de 39 à 35 heures de travail par semaine suite aux lois Aubry de 1998 et 2000. Cette réduction du temps de travail a conduit les entreprises à mettre en place de nombreuses solutions d'organisation. Alors que certains réduisaient tout bonnement les heures de travail de leurs employés à 35 heures par semaine, d'autres voulaient continuer un rythme de 39 heures de travail en accordant des jours de congé RTT. Ces réductions du temps de travail correspondent aux jours de repos que l'entreprise accorde à un employé dont le temps de travail dépasse

35 heures par semaine. Les sociétés peuvent également décider de payer les heures supplémentaires de leurs employés. Par conséquent, les heures de travail qui  dépassent 39 heures sont donc considérées comme des heures supplémentaires et doivent être rémunérées comme telles.

La quantité de RTT qui est attribuée au salarié va provenir de l'ensemble des heures travaillées et qui dépasse les 35 heures par semaine. Ces heures dites normalement supplémentaires sont ainsi converties en jours de RTT. C'est ainsi, qu'un salarié qui ne dépasse pas un horaire de travail par semaine de 35 heures n'aura pas droit d'obtenir de RTT. Seules les heures de travail qui sont travaillées sont prises en compte. Les règles de calcul sont fixées par accord d'entreprise. Pour son calcul, l'entreprise peut procéder soit pour le forfait, soit pour le réel.

Le forfait consiste à attribuer au salarié un nombre de jours de RTT annuel dans le cadre d'un forfait (exemple : 12 jours de RTT par année) quel que soit son nombre d'heures de travail effectif.

Il faut aussi savoir que la loi prévoit un maximum de 218 jours de travail par an. Dans le cadre du forfait jour, le nombre de jours de RTT dépend du nombre de jours dans l'année auxquels il faut retrancher le nombre de jours travaillés, le nombre de samedis et de dimanches, de jours fériés hors week-end, de jours de congés payés. Pour 2019, le calcul a été : nombre de jours de RTT : 365–218–104–9–25 = 9 JRTT. Une autre méthode de calcul, réside à amener l'employé à obtenir des

RTT dans les semaines et des heures qu'il réalisera plus encore. Fort de ce constat, le salarié pourra espérer prendre 2 heures de RTT par semaine en ayant travaillé la semaine à 37 heures et ainsi de suite. Par conséquent, il bénéficie de 4 heures tous les 15 jours, ce qui se rapporte à une demi-journée de RTT. Dès lors, l'employé peut prendre une demi-journée de RTT toutes les deux semaines. À condition cependant de l'accord de l'entreprise. La prise de RTT peut se faire par demi-journée. Si aucun accord ne le prévoit et que la direction s'oppose à la prise de RTT par demi-journée, le salarié ne peut en aucune façon s'opposer à cette décision.

Les employés qui ont besoin de prendre une à plusieurs journées peuvent, avec prévenance, les prendre. Mais l'employeur peut très bien les imposer. Par conséquent, si ce dernier estime que l'absence du salarié peut être préjudiciable à l'entreprise, cette dernière peut refuser d'accepter la RTT d'une journée. C'est à l'employeur, voir son directeur de relation humaine ou voir même son supérieur hiérarchique que le salarié doit s'adresser pour sa demande de RTT. Il arrive, pour les besoins de service ou d'organisation, que la direction ne souhaite pas, notamment pour les jours de pont entre un jour férié et le week-end, que l'employé en fasse usage à ce moment-là. Et c'est aussi via des services intranet que de plus en plus de RTT sont posées par les salariés.

La gestion des RTT s'effectue majoritairement l'année civile du 1er janvier au 31 décembre. À la différence des congés payés qui sont habituellement du mois de juin au mois de mai de l'année suivante.

Mais il faut bien distinguer que la prise des RTT et la prise des congés payés ne répondent pas à la même logique. Les congés payés sont dus à tous les salariés indépendamment de leur durée de travail.

Les jours de RTT qui n'ont pas été pris une fois passé la période de référence sont en principe perdus. D'autre part, pendant ses RTT, la rémunération du salarié est maintenue dans les conditions normales. Et depuis le 1er janvier 2010, les salariés n'ont plus la possibilité de se faire payer leurs jours de RTT. Ce dispositif, qui avait été mis en place de manière provisoire par la loi sur le pouvoir d'achat du 8 février 2008, a cessé le 31 décembre 2009 tout comme les avantages sociaux et fiscaux qui étaient associés à ce dispositif. Maintenant, seuls les salariés en forfait jours peuvent demander le paiement des RTT. La monétisation des jours de repos travaillés n'est pas autorisée pour les autres salariés. Mais depuis 2014, le salarié qui possède un compte épargne temps (CET) à la possibilité d'y stocker ses RTT.

En outre, le don gratuit de RTT entre salariés est possible désormais depuis la loi du 9 juin 2014.

Par contre, le salarié peut avoir le droit à une indemnité compensant la perte des RTT non pris en cas de rupture du contrat de travail si c'est prévu dans sa convention collective. Mais il convient de dire que, parfois, le salarié se voit obligé de les poser pendant son préavis. Il peut aussi demander leur paiement s'il n'a pas pu les prendre à cause de son employeur. Mais l'employé doit établir la véracité de ces faits. D'autre part, les RTT ne sont pas réservées qu'au secteur privé. En effet, dans la fonction publique, selon des modalités définies par l'administration, les fonctionnaires bénéficient également de RTT.

Enfin, il n'est plus possible de signer de nouveaux accords de RTT depuis le 22 août 2008, mais les accords signés avant cette date et non dénoncés restent toujours applicables. Par conséquent, les entreprises nouvellement créées ne peuvent plus signer d'accords spécifiques, mais des accords collectifs ou des accords de branche peuvent être appliqués.

# FORFAIT JOURS POUR LES CADRES

La loi stipule que le temps de travail effectif par semaine pour les salariés à plein temps est de 35 heures et toute heure de travail accomplie au-delà de cette durée légale est, une heure supplémentaire. Mais par différent accord, une dérogation a été mise en place, il s'agit du forfait jour.

Le forfait jours est une des exceptions qui déroge à la règle des 35 heures. Il s'agit d'un réaménagement du temps de travail. Les heures de travail ne sont plus comptabilisées par semaine, mais de jours de travail par an. Ce forfait d'une journée fait partie d'une convention collective ou de branche. De plus, l'employé doit l'accepter par le biais d'une convention.

Ce sont les cadres qui, d'une manière générale, sont les plus concernés par le forfait jours. En effet, dans l'exercice de leur fonction, les cadres disposent d'une certaine autonomie dans l'organisation de leur emploi du temps. De ce fait, la nature fonctionnelle de ces cadres ne leur permet pas de suivre l'horaire collectif applicable au sein de l'atelier, du service ou de l'équipe avec lesquels ils sont incorporés. Les cadres disposent d'une réelle autonomie dans l'organisation de leurs horaires pour exercer les fonctions qui leur sont confiées.

Il n'y a pas d'horaire minimum pour les cadres. Mais un certain nombre de jours par an doit être travaillé. Toutefois, il faut savoir que la loi fixe à 218 jours le nombre de jours maximum travaillés dans l'année. Cependant, en renonçant aux jours de repos, les employés peuvent mieux œuvrer. Mais pour cela, il faut qu'un écrit au contrat de travail ou par un avenant indique ce désistement. Compte tenu du fait que ses jours de repos ont été abandonnés, la limite supérieure de jours ouvrables par an est de 235 jours.

Les nombres de jours supplémentaires exemptés de jours de repos donnent l'attribution d'une majoration. Le taux de cette revalorisation est déterminé par la convention et ne doit pas être inférieur à 10 % du salaire de l'employé.

Mais si le salarié n'est pas soumis à la durée légale du travail de 35 heures par semaine et au respect des durées maximales quotidienne et hebdomadaire de travail. Pour autant, la réglementation relative au repos quotidien et hebdomadaire s'applique, tout comme celle relative aux congés payés et aux jours fériés chômés dans son entreprise.

Néanmoins, l'employeur se doit lors d'un entretien annuel, comme la loi le prévoit, d'assurer un suivi continu de la charge de travail, du respect des temps de repos, de l'organisation du travail et de l'équilibre entre vie privée et vie professionnelle. Pendant cet entretien annuel, l'employeur et le salarié peuvent négocier la rémunération en tenant compte de la charge de travail imposée au salarié en forfait jours. Malheureusement, il peut arriver que la rémunération est visiblement sans rapport avec les contraintes imposées au salarié. Ce dernier peut saisir le conseil de prud'hommes pour demander une indemnité qui est calculée en fonction du préjudice subi.

D'autre part, si le défaut de suivi n'est pas mis en pratique, la convention de forfait peut s'avérer nulle et le salarié sera en droit de solliciter le paiement d'heures supplémentaires devant une juridiction.

Pour l'exécution de la Réduction du Temps de Travail, et pour ne pas dépasser la limite de 218 jours ouvrables annuels, il est nécessaire de compter tous les samedis et dimanches de l'année et les jours fériés qui surviennent en semaine. Et de procéder en utilisant cette formule :

* (nombre de journées par an) – (forfait jour du plafond maximal de la convention collective) – (nombre de journées de repos hebdomadaires) – (nombre de journées de congés payés) – (nombre de journées fériées tombant les journées ouvrables) = nombre de RTT.

Cependant, le nombre de jours RTT par an peut changer d'une année à l'autre, suivant la variation du nombre de jours fériés en semaine ou en week-end.

L'employeur ne peut pas contraindre son employé qui est en forfait jour des plages fixe de présence obligatoire dans l'entreprise. Si c'était le cas, le salarié ne serait plus réputé comme étant un cadre indépendant de ces horaires. Dans ces conditions, il est lié par l'horaire collectif et les règles relatives aux heures supplémentaires doivent lui être attribuées. À l'inverse, le salarié est obligé de travailler le nombre de jours prévus par la convention.

S'agissant de l'absentéisme d'un salarié en forfait jours, il se traduira par une soustraction du nombre de jours d'absence du plafond annuel de jours travaillés. Par conséquent, le plafond annuel pour l'employé qui est de 218 jours, mais absent pendant 2 jours, verra son plafond annuel ramené à 216 jours.

D'autre part, si un salarié œuvre moins de 35 heures par semaine, c'est qu'il est à temps partiel. Mais il n'y a pas de temps partiel pour un cadre au forfait jour. On parlera plutôt de forfait annuel en jours réduit pour un cadre qui travaille moins de 218 jours. C'est-à-dire, que certains cadres peuvent conclure une convention de forfait annuel en jours sur la base d'un nombre de jours inférieur au plafond légal ou conventionnel dans une entreprise.

Les cadres qui bénéficient d'un contrat de 140 jours sont en dessous du seuil de 218 jours par an. Ils ne sont pas pour autant des travailleurs à temps partiel et ils ne peuvent se prévaloir des dispositions de l'article L. 3123 - 14 du code du travail en matière de travail à temps partiel.

Devant le conseil de prud'hommes, ils ne pourront pas demander que le contrat de travail soit redéfini en contrat à temps plein.

La réduction du forfait jour peut être souhaitée par le salarié. Dans ce cas, il est nécessaire d'établir un avenant au contrat de travail qui précisera le nombre de jours et de sa répartition.

Enfin, depuis le 1er janvier 2019, certaines rémunérations reçues dans le cadre d'un forfait jours ou en heures peuvent obtenir une exonération de cotisations salariales et d'impôt sur le revenu.

# LES HEURES SUPPLÉMENTAIRES

Le temps réglementaire pour un salarié est fixé à trente-cinq heures par semaine. Toutefois, le salarié peut effectuer son travail au-delà de cette durée légale à la demande de son employeur.

Ainsi, les heures supplémentaires travaillées donnent droit à une augmentation ou, sous certaines conditions, à un repos compensateur de remplacement. Les heures supplémentaires dépassant le quota annuel donnent également droit à une compensation obligatoire en repos.

La rémunération des heures supplémentaires est calculée chaque semaine. Cependant, elle est susceptible, par différent accord, d'être fixée sur 7 jours consécutifs pour déterminer la semaine. Pour le calcul des heures supplémentaires, le calcul sera effectué par la semaine qui commence à minuit le lundi et se termine à vingt-quatre heures le dimanche sauf en cas de réglementation conventionnelle.

C'est l'employeur qui décide de laisser le salarié faire des heures supplémentaires. En effet, en raison de son pouvoir de direction qu'il détient, il est le seul à pouvoir demander à son salarié de faire des heures supplémentaires.

Chaque semaine, en raison de la saisonnalité, des fluctuations des commandes et pour d'autres raisons, les activités de l'entreprise peuvent être irrégulières. Afin d'ajuster le rythme de travail de l'employé à celui de l'activité, l'entreprise peut étaler les heures de travail sur une période supérieure à la semaine.

Cependant, chaque employé peut réaliser un certain nombre d'heures supplémentaires chaque année, ce que l'on appelle le contingent annuel. Actuellement, il est fixé à 220 heures sauf pour le bâtiment et les travaux publics (BTP) dont le contingent d'heures supplémentaires est de 300 heures. Cependant, si le travail n'est pas annualisé, le contingent sera de 265 heures.

Le nombre d'heures spécifié dans le contingent annuel est déterminé par une convention collective, un accord collectif, mais il peut provenir aussi de la part de l'employeur.

Pour le calcul du contingent annuel d'heures supplémentaires, le nombre d'heures prises en compte sont celles qui dépassent la durée légale. Cependant, dans le contingent, certaines heures supplémentaires ne rentrent pas en compte. C'est le cas des heures supplémentaires qui sont soit pour effectuer un travail urgent et doivent être effectuées immédiatement, soit elles donnent droit à un repos compensateur équivalent.

Le repos compensateur est une mesure prévue par la législation du travail, qui prévoit des périodes de repos pour compenser le salarié pour les heures supplémentaires au-delà de son contingent d'heures annuel.

Le droit du travail notifie que le salarié doit obtenir un repos compensateur au-delà de 220 heures supplémentaires par an.

Le taux des heures supplémentaires relève du fait ou non d'une convention ou d'accord collectif d'entreprise. Si l'entreprise a un accord ou une convention collective, dans ces conditions, l'entreprise déterminera le taux de rémunération des heures supplémentaires dépassant les heures de travail hebdomadaires légales.

Le taux minimum pour chaque taux est fixé à 10 %, mais la rémunération des heures supplémentaires peut être partiellement ou totalement substituée par un repos compensateur équivalent. Dans ces conditions, le temps de repos est égal à la rémunération majorée. Ainsi, une heure supplémentaire, rémunérée en principe à un taux de majoration de 50 %, donne lieu à un repos compensateur équivalent, c'est-à-dire 1 heure et 30 minutes.

Si certains secteurs d'activités ne possèdent pas de conventions collectives ou d'accord d'entreprise, pour les 8 premières heures supplémentaires de la même semaine de la 36e à la 43e heure, les heures supplémentaires dépassant la durée hebdomadaire légale de travail augmenteront de 25 %. Pour les heures suivantes, ils seront de 50 %.

Depuis le 1er janvier 2019, les heures supplémentaires sont dispensées d'impôt sur le revenu, avec un plafond annuel de 5 000 euros. Les heures supplémentaires au-delà de ce plafond sont soumises à l'impôt.

Les salariés qui ont réalisé des heures supplémentaires en 2020 peuvent

être dispensés de l'assurance pension de base et complémentaire,

jusqu'à 11,31 % de leur salaire.

En raison de la crise sanitaire liée au coronavirus, de nombreux salariés

ont dû dépasser les heures de travail prévues dans leurs contrats de

travail. Afin de soutenir et d'augmenter leur pouvoir d'achat, la loi de

finances révisée en 2020 a porté le plafond d'exonération fiscale de 5

000 euros à 7 500 euros pour les salariés auxquels des heures

supplémentaires et complémentaires ont été demandées durant l'état

d'urgence sanitaire.

Toujours pour cause de Covid-19, depuis le 26 mars 2020, dans les

établissements relevant de la fonction publique hospitalière, le plafond

d'heures supplémentaires a été augmenté et unifié à 240 heures par an

et par agent au lieu de 180 auparavant.

Pour des raisons exceptionnelles, ce plafond peut être dépassé,

notamment au regard des impératifs de continuité du service public.

Mais aussi, au regard de la situation sanitaire telle que l'épidémie de

Covid-19.

Cette dérogation n'est appliquée que pour une durée réduite aux

personnes nécessaires à la prise en charge des usagers, et doit être

autorisée par le préfet du département ou le directeur régional de

l'agence régionale de santé (ARS).

Toutefois, les heures supplémentaires ne doivent pas conduire à un dépassement des heures de travail maximales qui sont de 10 heures/jour et 48 heures/semaine ou 44 heures en moyenne par semaine pendant une période de 12 semaines consécutives.

Par conséquent, si un employé travaille huit heures dans une journée donnée, les heures supplémentaires ne peuvent excéder deux heures. Néanmoins, les employés ne peuvent pas exécuter plus de 13 heures supplémentaires par semaine.

Il est prévu que l'augmentation de salaire pour le travail du dimanche ne se substitue pas aux majorations des heures supplémentaires, mais les complètent. De plus, le système des heures supplémentaires s'applique aux employés qui travaillent plus de 35 heures par semaine, même si l'employé lui-même avait demandé à œuvrer le dimanche. Concernant les apprentis, leurs heures de travail légales sont fixées à 35 heures par semaine. Après cette période, les apprentis majeurs peuvent effectuer 220 heures supplémentaires par an sans l'approbation de l'Inspection du travail. La rémunération de ces heures supplémentaires correspond à celle des autres salariés de l'entreprise qui font également des heures supplémentaires. Le maximum du travail autorisé pour les apprentis de moins de 18 ans est de l'ordre de 8 heures par jour. Cependant, l'inspection du travail peut accorder des exemptions jusqu'à un maximum de 5 heures par semaine après consultation d'un médecin du travail.

En ce qui concerne les employés qui ont un contrat de moins de 35 heures par semaine et qui dépassent ce nombre d'heures qui est indiqué sur leur contrat de travail sans toutefois ne pas dépasser les 35 heures, ces heures sont des heures complémentaires. Exemple, j'ai un contrat de 32 heures semaine, j'effectue trois heures de travail en plus, je suis en heure complémentaire, car je n'ai pas dépassé les 35 heures.

Il ne faut donc pas confondre, ce qui arrive fréquemment, les heures supplémentaires avec les heures complémentaires. Les heures supplémentaires font référence aux heures de travail des employés à temps plein qui dépassent les heures de travail légales.

Enfin, la rémunération des heures supplémentaires ne doit pas être prise en compte dans le calcul du Smic.

# LES SALAIRES IMPAYÉS

Les salaires doivent être payés régulièrement une fois par mois. Cette règle, dite de paiement mensuel, s'applique à la plupart des employés. À l'exception des employés de maison, des employés saisonniers, des employés intermittents et des employés temporaires, qui sont payés au moins deux fois par mois. Par conséquent, si le salaire n'est pas payé dans un délai d'un mois, ou un demi-mois, pour les salariés à domicile. Le salaire est réputé impayé.

Dans certains cas, l'employeur peut inclure des clauses dans le contrat de travail concernant la possibilité de retards de salaire. Il peut également demander au salarié de signer un accord selon lequel il accepte des retards de paiement. Cependant, il est important de savoir que même si vous avez accepté et signé le document, cette clause n'a aucun effet juridique. Dans tous les cas, si l'employeur ne respecte pas le délai d'un mois, vous avez toujours droit de réclamer votre salaire.

Si vous avez toléré plusieurs fois des retards de paiement de votre salaire, votre geste n'accorde pas ce droit à votre employeur ad vitam æternam. Par conséquent, vous avez le droit de changer vos habitudes et de demander des paiements réguliers dans les prochains mois.

En outre, la rémunération des heures supplémentaires et diverses primes doivent être payées en même temps que votre salaire et ne peuvent être reportées à plus tard. Même si ce sont des frais dits « prime de nuit » , l'employeur n'a pas le droit de reporter le paiement au mois suivant.

Les salariés qui ne perçoivent pas tout ou partie de leur salaire peuvent intenter une action en justice devant le conseil de prud'hommes. En effet, le non-paiement du salaire est considéré comme une faute grave, quelle que soit la raison qui a causé ou retardé le paiement du salaire. Si votre employeur ne nous verse pas votre salaire du mois en cours, le salaire est considéré comme impayé.

Vous devez écrire une lettre en recommandée avec accusé de réception pour mettre en demeure votre employeur afin de lui demander votre dû. Si cette mise en demeure ne suffit pas pour récupérer votre argent, l'étape suivante consiste à soumettre la question au conseil de prud'hommes. Une fois la procédure lancée, le conseil de prud'hommes devra parvenir à un accord entre votre employeur et vous. Le conseil vous informera de la date à laquelle l'affaire sera traitée.

Le conseil peut alors ordonner à l'employeur (avec d'éventuelles pénalités) de payer le montant qui vous est dû ainsi que les intérêts de retard. Si vous subissez un préjudice, il peut également lui ordonner de réparer votre préjudice. Si le retard de paiement est trop important, vous pouvez décider de cesser de travailler.

Vous avez la possibilité de résilier votre contrat de travail comme par exemple faire « une prise d'acte ». Ensuite, une telle résiliation sera considérée comme un licenciement sans motif valable, vous donnant ainsi droit au versement d'indemnités. La rupture du contrat de travail vous permettra également d'obtenir des allocations chômage.

En cas de non-paiement du salaire, le conseil de prud'hommes doit être saisi dans un délai de trois ans à compter de la date à laquelle le salaire aurait dû être payé.

Dans le cas d'une liquidation judiciaire de l'entreprise, la procédure sera quelque peu différente. Il est nécessaire d'introduire un recours auprès de l'Association du régime de garantie des créances des salariés (AGS) qui intervient dans la restructuration d'entreprise, la liquidation judiciaire ou, dans certains cas, dans les procédures de sauvegarde. La procédure AGS est mise en œuvre par le représentant du personnel désigné par le juge.

Mais attention, l'AGS ne peut garantir que les créances résultant de la résiliation du contrat de travail par l'administrateur ou le représentant légal. Par conséquent, l'AGS ne peut garantir l'indemnité encourue par le salarié pour la résiliation de son contrat de travail en raison de la faute de l'employeur. Même si le contrat de travail est résilié pendant la période d'observation.

En pratique, contrairement aux autres créanciers, les salariés n'ont pas à déclarer leurs créances au début de la procédure. En effet, les employés peuvent bénéficier du super privilège du salaire, c'est-à-dire qu'ils bénéficieront d'un traitement préférentiel par rapport aux autres créanciers. Si la société dispose de trésoreries  suffisantes,les salaires sont payés jusqu'à concurrence d'un plafond variant selon l'ancienneté du salarié.

L'AGS rembourse les salaires, mais fixe toujours des plafonds. Si vous avez signé votre contrat de travail six mois avant l'ouverture de la procédure de liquidation, l'indemnisation maximale est de 54 848,00 €. Ce plafond est en revanche augmenté à 68 560,00 € si votre embauche date d'entre six mois et deux ans, puis à 82 272,00 € pour les salariés embauchés plus de deux ans avant la liquidation judiciaire.

Enfin, les employeurs qui ne payent pas les salaires de leurs employés sont en infraction pénale et encourent le risque d'une amende de la troisième classe.

# L'ASTREINTE

Le code du travail informe que l'astreinte s'entend comme une période pendant laquelle le salarié, sans être sur le lieu de travail et sans être en permanence et immédiatement à la disposition de l'employeur, doit être en mesure d'agir pour accomplir un travail au service de l'entreprise.

Par rapport à la réglementation précédente, le salarié n'a plus besoin de demeurer à domicile ou à proximité de celui-ci. Ce changement peut s'expliquer par les nouveaux modes de communication, qui permettent de joindre le salarié en utilisant les téléphones portables, le SMS, l'internet, où qu'ils se trouvent.

La différence entre le service de garde et l'astreinte, c'est que le personnel de garde doit rester sur le lieu de travail et être rémunéré pendant toute la durée de sa présence. À l'inverse, le salarié d'astreinte peut rester chez lui, à condition qu'il puisse intervenir si nécessaire. Toutefois, seule son intervention est considérée comme un travail rémunéré.

De même, il ne faut pas confondre aussi entre l'astreinte et la permanence. La permanence est une obligation du salarié d'être sur son lieu de travail habituel ou un lieu qui a été désigné par son employeur, par nécessité de service, un samedi, un dimanche ou un jour férié, sans qu'il y ait un travail effectif ou d'astreinte.

La durée du travail effectif s'entend comme le temps pendant lequel le salarié est à la disposition de l'employeur et doit se conformer à ses directives sans pouvoir vaquer librement à des occupations personnelles.

C'est par un accord d'entreprise ou par une convention ou d'établissement ou, en cas d'absence, une convention ou un accord de branche que sont mises en place les astreintes. En cas de défaut, l'employeur devra déterminer le mode d'organisation des astreintes et leur compensation après consultation du comité social et économique. Dans ce cas, l'employeur doit en informer l'inspection du travail.

S'il fait l'objet d'un accord collectif, le salarié ne peut s'opposer à une astreinte. Le refus des astreintes stipulées dans la convention collective d'entreprise peut entraîner des sanctions. En revanche, si l'astreinte est demandée uniquement par l'employeur, le salarié peut la refuser, le refus du salarié ne doit entraîner aucune sanction. Même si l'astreinte fait partie du contrat de travail, l'employeur ne peut pas l'imposer à un salarié simplement parce que cette possibilité apparaît dans le contrat de travail.

L'employé doit être avisé dans un délai raisonnable des périodes d'astreinte. Le délai peut être stipulé dans la convention ou l'accord mettant en place l'astreinte. Si aucun délai n'est prévu, le code du travail exige que le salarié soit prévenu 15 jours à l'avance. Il doit être prévenu au moins un jour à l'avance, 24 heures à partir de minuit en situation d'urgence.

L'employé doit pouvoir intervenir à tout moment lorsqu'il est d'astreinte. Il a l'obligation de se rendre au travail et d'être contacté à tout moment. Cependant, rien ne peut l'obliger à rester chez lui ou à proximité de l'entreprise en attendant d'être appelé.

Le code du travail stipule que les astreintes doivent être compensées sous forme de rémunération ou de repos. C'est la convention ou l'accord mettant en place les astreintes qui fixe le choix entre la compensation financière ou le repos.

Cependant, le temps d'intervention est assimilé à du temps de travail réel, et doit être rémunéré si le salarié œuvre pendant sa période d'astreinte.

Si le temps consacré à l'intervention a pour effet d'augmenter les heures de travail à plus de 35 heures, les heures supplémentaires feront l'objet d'une majoration.

D'autre part, le trajet entre le domicile et l'entreprise et de son retour fait l'objet d'une indemnité kilométrique si le salarié utilise son propre véhicule. De même, le temps de trajet jusqu'au lieu de travail accompli pendant l'astreinte fait partie intégrante de l'intervention et constitue donc du temps de travail effectif.

Si l'employé a un logement de fonction et que son employeur oblige sa
présence dans ce logement bien qu'il ne soit pas occupé par une tâche
définie, alors c'est de l'astreinte. En revanche, si le salarié doit rester
dans son logement de fonction pour effectuer une ou plusieurs tâches,
comme le télétravail, c'est des heures de travail effectif. Plus
précisément, s'il n'y a pas eu d'intervention,le salarié en astreinte le
week-end est considéré avoir eu un repos hebdomadaire minimum s'il
n'intervient pas.

Attention, si un accident survient pendant les heures de travail au
domicile du salarié, la présomption de responsabilité en cas d'accident
du travail ne s'applique pas. Sauf si le salarié apporte la preuve d'un lien
avec le travail. Toutefois, si un accident survient pendant l'intervention,
il s'agit d'un accident de travail.

Enfin, à la fin du mois, l'employeur doit remettre à chaque salarié
concerné un document récapitulant les heures de travail accomplies au
cours du mois écoulé et la rémunération correspondante. L'employeur
est tenu de laisser ce même document à la disposition de l'inspection du
travail et de l'URSSAF, et ce pendant un an.

# LE RÈGLEMENT INTÉRIEUR

Le règlement intérieur est un document qui permet de définir les règles applicables dans une entreprise. Mais c'est aussi un acte juridique qui peut produire des effets de droit. Il est mis en place, unilatéralement, par l'employeur, c'est-à-dire qu'il résulte de sa seule volonté. Sa mise en œuvre permet d'appliquer des règles internes et des disciplines auxquelles se doivent d'obéir tous les employés et personnels d'une entreprise. Les visiteurs externes de l'entreprise qui interviennent dans l'établissement sont soumis aussi au règlement intérieur. Le règlement intérieur de l'entreprise ne concerne donc pas que les employés ou les personnes extérieurs qui interviennent dans l'entreprise, le gérant par son statut de salarié dirigeant, est également concernée par ce document.

Jusqu'au 31 décembre 2019, toute entreprise avait l'obligation de disposer d'un règlement intérieur dès lors que la société comptait dans ses effectifs plus de 20 salariés. Mais depuis le 1er janvier 2020 le nombre de salariés est passé à 50.

En effet, le 11 avril 2019, le Parlement a adopté, dans le cadre de la loi Pacte (plan d'action pour la croissance et la transformation des entreprises), certaines mesures qui impactent les seuils d'effectif. Notamment celui de 20 salariés rendant le règlement intérieur obligatoire. Ainsi, le seuil qui déclenche l'obligation d'élaboration du règlement intérieur est relevé à 50 salariés.

Pour prendre en compte le calcul du nombre de salariés de l'entreprise, il faut prendre en considération les mesures posées par l'article L. 1111 - 2 du Code du travail. Il résume particulièrement que les salariés en contrat à durée indéterminée, mais aussi ceux en contrat à durée déterminée, à temps partiel, intermittents ou en travail temporaire doivent être pris en compte dans la détermination des effectifs. Cependant, ceux en contrat à durée déterminée ou titulaires d'un contrat de travail temporaire ne sont pas pris en compte dès lors qu'ils remplacent un salarié absent ou dont le contrat est suspendu.

Selon les types d'établissements sous sa direction, l'employeur de plusieurs sociétés peut uniformiser le règlement applicable dans toutes ses structures ou bien particulariser les règles selon les spécificités de chaque branche.

Le règlement intérieur doit obligatoirement contenir des dispositions relatives à l'hygiène, de santé et de sécurité au travail ainsi que les règles relatives à la discipline.

En cas de création d'entreprise et lors de l'atteinte de ce seuil de cinquante salariés, l'employeur dispose de trois mois pour le mettre en place. En cas de franchissement de ce seuil et dans tous les autres cas, l'employeur dispose de six mois pour l'élaborer.

L'employeur peut très bien mettre en place dans son entreprise un règlement intérieur qui comporte un effectif en dessous du seuil obligatoire. En revanche, le contenu du règlement devra respecter les conditions définies par la loi.

La rédaction du règlement doit être écrite en langue française. Néanmoins, il est possible de le traduire en plusieurs langues. Mais cette règle n'appartient pas qu'au règlement intérieur, la traduction de tout autre document d'entreprise qui s'adresse au salarié doit être en langue française, libre à l'employeur de le traduire en plusieurs langues s'il le souhaite, car ce n'est pas une obligation.

Ces aménagements ne s'appliquent pas aux documents reçus de l'étranger ou destinés aux étrangers. De plus, ils ne sont pas applicables lorsque l'activité commerciale implique l'utilisation d'une langue étrangère commune.

Le règlement intérieur est formulé par l'employeur dans le cadre de son pouvoir d'organisation. Mais sa rédaction peut être faite par le représentant de l'employeur. En fait, c'est souvent le service des relations humaines qui se charge de son élaboration.

Le règlement intérieur doit comporter des dispositions relatives à l'hygiène et à la sécurité. Ce sont des consignes que les employés doivent suivre pour leur propre sécurité et santé et celles des autres collègues. Par exemple, il est interdit de manger dans les bureaux de l'entreprise, mais aussi de consommer de la drogue et des boissons alcoolisées au sein ou aux abords de l'établissement. De même qu'il est interdit de fumer dans les locaux de l'entreprise. D'autre part, si le travail exige de porter un équipement de protection, le salarié se doit de se conformer à cette règle.

Toutes ces règles relatives à la discipline font que l'employeur doit prendre des mesures pour que ces incivilités n'entravent pas la bonne marche de l'entreprise. Car tous ces actes de désobéissance consisteront à prendre des sanctions. À ce titre, le règlement intérieur devra prévoir une échelle des sanctions.

Parfois, un employeur doit engager contre un employé qui a commis une faute une mesure disciplinaire. Pour que la décision soit effective, la sanction doit être précisée dans le règlement intérieur de la société. Dans le cadre d'une éventuelle procédure disciplinaire, le règlement intérieur doit stipuler les droits du travailleur, ce qui est l'une des dispositions de protection du salarié. Pour harcèlement moral et sexuel, le règlement intérieur devra faire un rappel des dispositions du code du travail. En particulier en ce qui concerne l'interdiction de sanctionner une victime potentielle de harcèlement et les sanctions applicables à l'auteur de cette persécution.

En dehors de ces règles, la loi interdit expressément de faire figurer dans le règlement intérieur des clauses qui sont contraires à la loi, au règlement ou à la convention collective. Comme des clauses qui interdisent le mariage, d'adopter un type de coiffure ou encore des clauses imposant d'indiquer la profession du conjoint car contraire à des libertés fondamentales. Ou bien, celles qui restreignent la liberté religieuse ou qui imposent d'afficher une religion. Tout comme des clauses qui seraient discriminatoires ou celles qui mettraient en place des sanctions pécuniaires.

Pour la mise en œuvre effective du règlement intérieur, l'employeur doit effectuer une formalité spécifique tant dans son texte que dans les procédures liées à son élaboration. Le règlement intérieur n'est donc visible qu'après la notification préalable du comité d'entreprise et du comité d'hygiène, de sécurité et des conditions de travail pour les thèmes qui relèvent de sa compétence ou, dans le cas contraire, sur l'avis des représentants du personnel.

Cependant, les opinions ainsi exprimées par les représentants personnels ne sont que consultatives. L'employeur peut donc décider d'appliquer des dispositions qui étaient d'avis contraire dans son règlement intérieur. En cas d'absence dans l'entreprise de représentants du personnel, le code du travail ne s'exprime pas.

S'il n'y a pas d'institution représentative du personnel, l'employeur peut formuler un règlement intérieur sans négociation, à condition qu'il puisse prouver le défaut par un procès-verbal de carence. Puis le règlement intérieur sera transmis à l'inspecteur du travail pour qu'il procède s'il y a lieu à toutes les investigations nécessaires.

Quoi qu'il en soit, si l'employeur n'expose pas le règlement intérieur à l'avis des représentants du personnel, ce règlement ne peut être imposé aux salariés. Le règlement intérieur doit comporter la date de son entrée en vigueur. Elle doit se manifester au plus tôt 30 jours après l'accomplissement des formalités de dépôt et de publicité.

En effet, le règlement intérieur doit être inscrit au registre du secrétariat du conseil de prud'hommes du ressort de la société ou de l'établissement au moins un mois avant la date prévue pour l'entrée en vigueur du règlement intérieur.

Cependant, lorsque l'urgence le justifie, les obligations relatives à la santé et à la sécurité peuvent être appliquées immédiatement, auquel cas elles sont transmises simultanément au CHSCT et à l'inspection du travail. Le règlement intérieur doit à son tour être affiché dans l'entreprise dans un endroit approprié et facilement accessible tant sur le lieu de travail que dans les locaux où les employés de l'entreprise sont employés.

Parallèlement, le règlement intérieur fait l'objet de mesure d'annonce et s'accompagne de l'avis de diverses représentants de l'entreprise, et qui est communiqué à l'inspection du travail.

Le non-respect des exigences répertoriées ci-dessous est puni d'une amende prévue pour les contraventions de 4e classe, soit 750 € pour le dirigeant et 3 750 € pour la personne morale.

En effet, le texte du règlement intérieur doit être adressé en double exemplaire à l'inspecteur du travail du ressort duquel se trouve le siège de l'entreprise. Les inspecteurs vérifient la légitimité des clauses réglementaires et demandent l'annulation ou la modification si nécessaire.

Le non-respect de l'une des règles relatives au règlement intérieur, tel que la non-application du règlement intérieur lorsque l'entreprise emploie 50 salariés ou plus, le non-respect des règles de procédure, la préparation et le maintien d'une clause déclarée illégale par l'inspecteur du travail, est sanctionné par une amende prévue pour les infractions de quatrième classe, soit 750 euros.

Si aucun règlement intérieur n'a été élaboré, l'inspecteur du travail peut en informer l'employeur et le mettre en demeure d'en établir un. Si cette demande n'a aucun effet, il peut alors dresser un procès-verbal.

Si le tribunal du travail exclut le recours à une clause illégale dans le règlement intérieur, une copie du jugement est jointe à l'inspecteur du travail et aux représentants du personnel.

Cependant, le juge ne peut abroger une disposition d'un règlement intérieur. En fait, cette possibilité de déroger à une disposition du règlement ne peut se faire que par l'inspecteur du travail.

Le contenu du règlement intérieur peut, s'il est souhaité par l'employeur, être remanié. Mais c'est rarement le cas, car cette requête est plutôt complexe à remettre en place. En effet, l'employeur doit respecter la même procédure que lors de la mise en place du règlement.

C'est-à-dire la consultation auprès des représentants du personnel, communication à l'inspection du travail et au conseil de prud'hommes, formalités de dépôt et d'affichage.

La principale différence avec une charte d'entreprise est le contenu, c'est-à-dire que le règlement intérieur doit traiter d'hygiène, de santé, de sécurité, de discipline et de défense des employés, de harcèlement sexuel et ou moral. Alors que la charte mentionne généralement l'idéologie de l'entreprise ou ses valeurs.

Enfin, il est à noter que si une charte ou une note de service traite de sujet qui relève du règlement intérieur, elle devra, pour être valable et opposable aux salariés, suivre la même procédure que le règlement intérieur, c'est à dire la consultation du Comité Social et Économique (CSE), et d'un envoi à l'inspecteur du travail et au conseil de prud'hommes.

# L'AFFICHAGE DANS L'ENTREPRISE

Dans son établissement, les salariés doivent recevoir avec précision des informations non seulement sur leur espace de travail et leur environnement, mais aussi sur la gestion de leur entreprise. De ce fait, l'employeur doit mettre en place un panneau ou un autre support pour les informer. Tandis que d'autres indications peuvent être divulguées par tout moyen mis à la disposition du salarié. C'est ainsi qu'en cas de défaut de divulgation de ces informations, l'employeur peut être lourdement sanctionné.

L'employeur doit donc permettre à tous les salariés de les informer en plaçant des affichages. Le 01 janvier 2019, le code du travail a été réactualisé suite au nouvel article L. 1153 - 5 sur le harcèlement sexuel au travail. Ainsi, il convient d'indiquer les coordonnées et surtout le nom et le numéro de téléphone de l'inspecteur du travail compétent dans l'entreprise. De même, le 09 69 39 00 00, doit être affiché en entreprise. Il s'agit du numéro du Défenseur des droits.

C'est un organisme indépendant. Sa création en mars 2011 est inscrite dans la constitution. Il est nommé par le président de la République. Sa principale fonction est non seulement de défendre les droits de la citoyenneté devant les administrations. Mais il a également des prérogatives spécifiques en termes de promotion des droits de l'enfant, de lutte contre les discriminations et de respect de l'éthique des activités de sécurité.

Madame Claire Hédon a été nommée par le président de la République Emmanuelle Macron. Monsieur Jacques Toubon a été précédemment Défenseur des droits, lui aussi élu par un président de la République monsieur François Hollande. Le mandat est de six ans et ne peut pas être renouvelé.

À ses côtés doivent cohabiter, sur l'affichage, les informations de la médecine du travail, des services de secours d'urgence comme le SAMU. Ainsi que les recommandations incendie selon la prescription NF EN ISO 7010 avec les noms des responsables du matériel de secours et des personnes chargées d'organiser l'évacuation en cas d'incendie.

Il peut arriver que dans une entreprise le jour de repos ne soit pas un dimanche. Il faut donc afficher les jours et les heures de repos collectifs avec les horaires de début et de fin de semaine de travail, communément appelé le planning de travail, sans oublier la durée des temps de pause. D'autre part, le code du travail impose d'indiquer les périodes où les salariés partent en congé, deux mois avant ceux-ci avec l'ordre des départs.

Il va s'en dire de l'obligation d'interdire de fumer et de vapoter dans les locaux de l'entreprise et sur les sites potentiellement dangereux du fait de l'inflammation.

Un autre document qui a aussi son importance d'être connu des salariés, c'est le DUER, Document Unique d'Évaluation des Risques professionnels. Cette information doit être mise à la disposition de tout salarié et affichée bien à la vue des travailleurs. Par son contenu, il permet aux salariés d'être prévenu des risques pour ainsi les minimiser. On y trouvera aussi les conditions d'accès et de consultation de l'inventaire des risques pour la santé et la sécurité des travailleurs qui doivent être mises à jour chaque année. Sans oublier, les supports obligatoires qui serviront à l'affichage des communications syndicales et il doit avoir un panneau d'affichage pour chaque section syndicale dans l'entreprise dès le seuil de 11 salariés atteint. Ainsi que l'obligation d'un tableau pour le comité d'entreprise, dès le seuil de 50 salariés dans la société.

Mais une des plus importantes informations est sans contexte le règlement intérieur qui formalise également par écrit toutes les règles d'usage dans l'entreprise.

Le règlement intérieur de l'entreprise, l'engagement unilatéral de l'employeur définissant les obligations et devoirs en matière d'hygiène et sécurité au travail ainsi qu'en matière de discipline, doit être affiché à la vue des salariés et facilement accessible. Son affichage est obligatoire à partir de 50 salariés.

Il convient aussi de signaler les affichages en relation avec les accords collectifs et les conventions applicables à l'établissement. La convention collective devra également être mentionnée. Mais depuis le décret du 20 octobre 2016 son affichage n'est plus obligatoire. Il suffit simplement de l'indiquer.

L'employeur doit également mettre en avant les mesures légales encadrant l'égalité professionnelle entre hommes et femmes, le harcèlement moral et sexuel, la lutte contre la discrimination à l'embauche.

Enfin, ces obligations s'appliquent à toutes les entreprises établies en France. Le non-respect de ces obligations peut entraîner des amendes.

## LA CONVENTION COLLECTIVE

Une convention collective est un texte signé qui porte essentiellement sur les conditions de travail et d'emploi (la durée de la période d'essai, la durée de travail, les congés payés,  les niveaux de rémunération, le préavis en cas de rupture du contrat de travail, etc.) et les garanties sociales. Elle traduit les différentes caractéristiques de la collaboration professionnelle qui naît entre une ou plusieurs organisations patronales d'une même branche d'activité et une ou plusieurs organisations syndicales.

La convention collective incorpore des règles régissant les droits et obligations des employeurs et de leurs employés. Ces règles sont énoncées et entérinées par les syndicats qui représentent les employés et par un employeur ou une organisation patronale.

La réglementation des conventions collectives est régie par le code du travail. Dans la plupart des cas, des textes de base, des accords ou des annexes ultérieurs sont contenus dans la convention collective.

Cependant, si la convention collective vient alimenter le code du travail dans la réglementation des contrats des salariés ainsi que leur exécution dans un secteur spécifique. Elle des points qui ne sont pas toujours repris dans le code du travail ou parfois elle prévoit des mesures plus favorables aux travailleurs que celles du code du travail.

La convention collective vise à produire des conséquences juridiques tout comme le code du travail. Les contrats de travail sont souvent une source juridique qui engendre des règles dans les conventions collectives ou vice-versa. Lorsqu'il y a conflit entre deux règles juridiques entre le code du travail et une convention collective, c'est l'élément le plus bénéfique pour le salarié qui doit lui être attribué.

Les thèmes qui sont traités, en général, dans une convention collective sont les salaires, la classification, l'hygiène, les congés et le licenciement.

Une fois qu'une convention collective est conforme et peut être appliquée, tous les salariés de la société peuvent l'utiliser, y compris les salariés en contrat probatoire ou à durée déterminée, à temps partiel, les apprentis et les salariés en contrat à domicile comme le télétravail, et ce même si le salarié n'est pas affilié à une organisation syndicale. Cependant, il existe différentes conventions collectives selon l'entreprise et son activité. En France, toutes les entreprises et donc tous les salariés dépendent d'une convention collective. En 2021, il y en a plus de 650. Cependant, 80 % des salariés appartiennent aux 50 conventions collectives les plus importantes. Les salariés ne peuvent pas toujours retrouver les mêmes droits qu'ils avaient dans une autre société.

Pour connaître sa convention collective, tout d'abord l'une des obligations de l'employeur est de l'inscrire sur le bulletin de paye. Par contre, l'employeur doit remettre au salarié une copie de la convention collective dès son embauche, ce qui est rarement le cas. L'employeur indique le plus souvent qu'il est à sa disposition. Mais grâce au code APE/NAF, on peut facilement la retrouver sur des réseaux informatiques. En revanche, la convention collective n'est plus un affichage obligatoire, seule sa mention peut-être indiquée.

Il arrive que l'on puisse rajouter un ou plusieurs thèmes dans la convention collective. Dans ce cas, l'extension d'une convention collective se fait par arrêté ministériel promulgué au Journal officiel. Les conventions collectives étendues sont obligatoires pour tous les employés et employeurs qui entrent dans le champ d'application de cette convention. Par conséquent, l'employeur est tenu de respecter les dispositions de la convention collective étendue. D'une façon générale, à peu près toutes les conventions collectives sont étendues.

Le contenu de l'accord peut contenir des dispositions plus avantageuses pour les employés que les dispositions légales en vigueur. C'est-à-dire, la convention collective peut réduire la durée des périodes d'essai parce qu'elle est plus avantageuse pour le travailleur, mais elle ne peut en prolonger la durée. La signature de conventions collectives va rendre possible d'harmoniser des règles établies par la réglementation du travail aux particularités de chaque entreprise ou branche professionnelle. À cette fin, des négociations sont généralement menées entre les salariés et les représentants syndicaux de l'employeur.

Dans les petites sociétés, les élus du personnel au comité d'entreprise, les délégués du personnel ou, s'il n'y a pas d'élus, les salariés mandatés sont autorisés à superviser cette négociation.

Qu'il s'agisse d'un cadre libre ou obligatoire, la négociation doit être trouvée sur les conditions de travail, la durée de

validité de l'accord et la définition des textes conventionnels.

Les différents mécanismes conventionnels qui sont cités dans la convention collective visent à suivre et à rendre compte les salariés sur :

- les conditions d'embauche ;

- l'exercice du droit syndical et de la liberté d'opinion des salariés ;

- les congés ;

- la formation professionnelle ;

- les conditions d'accès au régime de prévoyance et de mutuelle collectives ;

- la grille de salaires ;

- les conditions d'application du contrat de travail ;

- les critères de classification ;

- les niveaux de qualification.

C'est pourquoi, il y a cette obligation de la part des organisations patronales et salariales de faire évoluer la convention qui a été mise en place. Par conséquent, les organisations d'employeurs et de salariés liées par la convention collective de branche doivent se réunir annuellement. Ces négociations respectent l'objectif d'égalité professionnelle entre les femmes et les hommes.

Par conséquent, lorsque le salaire minimum conventionnel des travailleurs non qualifiés tombe en dessous du salaire minimum du fait de cette augmentation, les organisations d'employeurs et de travailleurs associées par la convention collective doivent tenir une assemblée pour débattre les salaires.

À défaut d'initiative de la partie patronale dans les 3 mois, la négociation s'engage dans les 15 jours suivant la demande d'une organisation syndicale de salariés représentative. Les organisations patronales et salariales reliées par une convention collective de branche doivent s'assembler au moins une fois tous les trois ans pour discuter sur les points suivants.

- parités entre femmes et hommes ;
- environnement du travail et adaptation à court et moyen terme des emplois et des compétences ;
- enseignement professionnel et apprentissage ;
- insertion professionnelle des handicapés.

Les employeurs et les organisations de salariés qui sont assemblés par la convention collective de branche doivent se rencontrer au moins une fois tous les 5 ans pour parlementer sur les points suivants :

- classement des employés ;
- installation d'une épargne collective.

Toutes les conventions collectives peuvent être consultées par tous à l'aide d'une connexion internet. Il est également possible de l'obtenir en format papier. La consultation de la convention collective est possible pour le salarié sur son lieu de travail. En effet, la direction tient à jour un exemplaire de cette convention au sein de sa société.

De grands établissements possèdent leur propre convention collective grâce à des accords d'entreprise.

En ce qui concerne les voyageurs, représentants et placiers souvent appelés VRP. Ces derniers n'ont pas de convention collective applicable aux entreprises. Ils sont liés par la convention nationale interprofessionnelle du 3 octobre 1975. En un sens, il s'agit d'une convention collective de VRP.

Enfin, la convention collective à une validité de cinq ans si elle ne comporte pas de date. De ce fait, elle devient caduque et elle n'est plus recevable ni applicable.

# L'ATTESTATION PÔLE EMPLOI

Toute personne qui désire percevoir des allocations chômage, après sa rupture de son contrat de travail doit produire une attestation à Pôle emploi. Ce document, qui est rempli par l'employeur, va permettre à l'ancien salarié de faire valoir ses droits à une allocation chômage appelée allocation d'aide au retour à l'emploi (ARE). Il est dû au salarié qu'il soit en contrat de travail à durée indéterminée ou en contrat de travail à durée déterminée, et quel que soit le motif de la rupture y compris en cas de démission.

L'employeur est obligé, s'il ne souhaite pas l'intervention de l'inspection du travail, voire même sa comparution devant le conseil de prud'hommes, de remettre à son ancien salarié l'attestation Pôle emploi. L'attestation doit notamment préciser et reprendre tout l'historique de la présence du salarié au sein de l'établissement. Il est demandé l'identité et la qualification de l'employé ainsi que le motif de la rupture du contrat de travail. Une case de l'attestation Pôle emploi est réservée afin de noter les salaires des 12 mois civils précédant le dernier jour travaillé et payé. Sans oublier les primes et indemnités qui ont été perçues pendant cette année et éventuellement les sommes versées à l'occasion de la rupture. Il faudra aussi indiquer la durée de l'emploi. Mais c'est à l'employeur que revient cette tâche. Il doit l'envoyer par voie numérique à Pôle emploi soit via le site du service en ligne, soit via un logiciel de paie. Cette obligation dépend des entreprises d'au moins 11 salariés. Pour un employeur de moins de 11 salariés, la remise du certificat par courrier papier reste possible. L'employeur envoie une copie imprimée du certificat à l'employé.

En cas de fausse indication, par exemple, motif inexact de résiliation du contrat de travail, le salarié peut saisir le conseil de prud'hommes et réclamer des dommages et intérêts.

Lorsque l'employé exécute son préavis et est en contrat de travail à durée indéterminée ou en contrat de travail à durée déterminée, l'entreprise lui délivre l'attestation à la date limite du contrat de travail. En outre, si le préavis n'est pas accompli, le salarié doit être muni du certificat destiné à Pôle emploi à la date de fin du contrat de travail. Toutefois, si le salarié est un travailleur intérimaire, l'employeur n'a pas besoin de lui délivrer une attestation Pôle emploi si son travail est terminé. Néanmoins, si le contrat de travail mentionne que le salarié a le droit d'obtenir ces documents dès l'expiration du contrat, l'agence d'intérim doit s'exécuter et lui remettre ce document. Mais l'employé peut aussi bien en faire la demande à son agence.

Dans l'hypothèse où l'employeur soumettrait tardivement l'attestation Pôle Emploi, voire même ne la remettrait pas, le salarié pourra saisir le conseil de prud'hommes en procédure de référé, qui pourra ordonner à l'employeur de délivrer l'attestation au salarié sous peine de sanction.

Tout comme il peut le condamner à verser au salarié des dommages et intérêts en raison du préjudice subi. En effet, en l'absence d'attestation, l'ancien salarié ne pourra pas percevoir l'allocation chômage.

Afin de résoudre le problème, le salarié doit par requête saisir le conseil de prud'hommes :

- soit du lieu où est situé l'établissement dans lequel le salarié effectue son travail, du lieu où le contrat de travail a été conclu ou du siège social de l'entreprise qui l'emploie ;

- soit du lieu de son domicile, si le salarié travaille à domicile ou en dehors de tout autre établissement.

Enfin, une amende de 1 500 € peut être ordonnée à l'encontre de l'employeur qui n'adresse pas à son ancien salarié l'attestation Pôle emploi.

# LE SOLDE DE TOUT COMPTE

Le solde de tout compte est un document qui est remis au salarié au moment de son départ définitif de l'entreprise à la suite de la rupture de son contrat de travail. Il répertorie et décrit tous les paiements effectués jusqu'au dernier jour de travail, les heures supplémentaires qui n'ont pas été récupérées, éventuellement les indemnités de départ, s'il reste des congés payés, le restant d'un éventuel 13$^e$ mois, des primes, etc. Il doit être remis au salarié aussi bien en cas de licenciement qu'en cas de fin de contrat de travail à durée déterminée ou en contrat de travail à durée indéterminée, de rupture conventionnelle, de démission, de départ à la retraite, etc. De plus, indépendamment de la nature et du motif de la résiliation du contrat de travail. Un solde de tout compte intervient aussi pendant la période d'essai. À l'inverse, les stagiaires ne reçoivent pas de solde de tout compte bien qu'ils peuvent recevoir un bulletin de paie.

Pour que l'entreprise puisse se libérer des sommes dues au salarié, le solde de tout compte doit répertorier avec précision tous les montants remis au travailleur, et ne pas simplement inclure une mention générale qui oblige par exemple que l'employeur s'est tout bonnement libéré des sommes dues au travailleur. L'entreprise ne peut pas, par simplification, englober l'ensemble des sommes dans le solde de tout compte et se référer au bulletin de paie joint au reçu pour connaître les détails des sommes versées à l'employé.

L'employeur peut remettre en mains propres le solde de tout compte au salarié. Mais cette démarche peut se faire aussi par lettre recommandée avec accusé de réception. Le salarié sera, à la réception de ce document, libre de signer ou de ne pas signer. Toutefois, le salarié dispose d'un délai de six mois suivant sa signature pour dénoncer le reçu pour solde de tout compte.

Si le salarié s'aperçoit que des montants devant lui être dus ne sont pas indiqués sur son solde de tout compte. Ce dernier doit déposer une réclamation auprès de l'employeur par lettre recommandée en expliquant en détail les raisons et les montants correspondants. D'autre part, le salarié ne pourra pas prétendre au paiement de sommes supplémentaires si le reçu pour solde de tout compte n'est pas dénoncé par ses soins dans les 6 mois suivant sa signature. De ce fait, le solde de tout compte devient libératoire en faveur de l'employeur. De même, le travailleur dispose d'un délai de deux ans suivant sa remise pour le contester en l'absence de sa signature sur ce document.

Par conséquent, avant la délivrance du récépissé, le travailleur doit vérifier que l'employeur n'a pas commis d'erreur dans le calcul et que toutes les indemnités qu'il mérite lui ont bien été attribuées. Si, à son tour, l'employeur constate qu'il a payé des sommes indues, il dispose de 3 ans pour contester. Le code du travail prévoit que la réception d'un solde de tout compte doit être réceptionnée par le salarié par courrier recommandé avec accusé de réception. Le salarié qui exige son dû, mais que son ancien employeur s'oppose à lui verser devra intervenir devant le conseil de prud'hommes pour qu'il puisse obtenir son argent. La démarche se fera par une requête.

De toute façon, l'employeur ne peut pas forcer l'employé si ce dernier ne souhaite pas parapher et dater le reçu du solde du compte. Même en absence de signature, l'employeur a l'obligation de payer le salarié. D'ailleurs, l'employeur n'est pas tenu d'envoyer le solde du compte à la résidence de l'employé. Ainsi, il peut, par exemple, simplement avertir le salarié qu'il peut venir récupérer sa pièce. Cela signifie que l'employé doit personnellement chercher ses documents à l'entreprise, sinon, il doit mandater un tiers pour les récupérer.

Mais si l'employeur indique dans sa lettre de licenciement, que le document lui parviendra par voie postale au salarié, alors il devient portable de même pour des raisons médicales qui empêche l'ancien salarié de se déplacer. De même, si l'employeur est condamné à délivrer les documents de fin de contrat, parce qu'il ne les a pas tenus à la disposition du salarié au moment de la rupture du contrat de travail, cette condamnation a pour effet de rendre portables les documents.

Enfin, pour être valable, le solde de tout compte doit être établi en deux exemplaires avec la mention : *« Le présent reçu pour solde de tout compte a été établi en double exemplaire, dont l'un m'a été remis ».*